KB144681

# 시각 디자인
## 산업기사 실기

박현아 · 김채은 지음

**BM** 성안당

## 도서 A/S 안내

당사에서 발행하는 모든 도서는 독자와 저자 그리고 출판사가 삼위일체가 되어 보다 좋은 책을 만들어 나갑니다.

독자 여러분들의 건설적 충고와 혹시 발견되는 오탈자 또는 편집, 디자인 및 인쇄, 제본 등에 대하여 좋은 의견을 주시면 저자와 협의하여 신속히 수정 보완하여 내용 좋은 책이 되도록 최선을 다하겠습니다.

채택된 의견과 오자, 탈자, 오답을 제보해 주신 독자 중 선정된 분에게는 기념품을 증정하여 드리고 있습니다. (당사 홈페이지 공지사항 참조)

구입 후 14일 이내에 발견된 부록 등의 파손은 무상 교환해 드립니다.

저자 문의 e-mail : pha3848@nate.com
본서 기획자 e-mail : hck8181@hanmail.net(황철규)
도서출판 성안당 e-mail : cyber@cyber.co.kr
홈페이지 : http://www.cyber.co.kr
전화 : 031)955-0511
독자상담실 : 080)544-0511

# 이 책을 내며

21세기는 기능적인 면과 동시에 디자인적인 면이 충족되어야 하는 시대이다.

현대 사회는 기술력의 성장과 동시에 디자인의 능력 또한 끝없이 발전하고 있다. 이런 시대에 부응하여 디자이너의 자질과 지식이 겸비된 전문인 육성의 일념으로 국가에서는 시각디자인 산업기사, 기사 자격 시험이 시행되고 있다.

디자인에 대한 전문 지식을 갖추고 디자인에 필요한 이론 및 자료를 분석하며, 디자인 도구와 컴퓨터 시스템을 이용하여 광고, 포장, 영상, 편집 디자인 등의 업무를 수행할 수 있는 인재 발굴이 그 목적이다.

이 책은 시각 디자인을 처음 접하는 학생들은 물론 시각 디자인 자격증을 취득하려는 모든 분들에게 도움이 되고자 만들어졌다. 많이 고단하고 힘든 작업의 연속이었지만 이 책을 접하는 모든 분들께 도움이 될 수 있는 책을 만들기 위한 집념으로 마무리를 지을 수 있었던 것 같다. 이 책은 자격증을 따기 위한 모든 방법과 노하우 및 제작 과정이 수록되어 있으며 기출문제 위주의 풀이가 잘 나타나 있어 정독을 하면 보다 쉽게 자격증을 취득할 수 있으리라 생각된다.

## 이 책의 특징으로는

1. 실기 시험 전에 숙지해야 할 내용들을 체계적으로 정리하여 수록하였다.
2. 시각 디자인의 출제 경향과 기출문제 유형을 분석하여 수록하였다.
3. 시각 디자인 실기 시험의 1교시의 디자인 스케치 과정을 기출문제 순으로 수록하였다.
4. 실습에 필요한 디자인 요소를 만드는 과정을 분석하여 수록하였다.
5. 시각 디자인 실기 시험의 1교시 디자인 스케치에 따른 2교시 컴퓨터 작업을 기출문제 순으로 수록하였다.

저자 씀

# 차 례

# CONTENTS

## PART 02 ┃ 과년도 출제 문제

# 시각 디자인 산업기사 시험 가이드

## 01 시각 디자인 소개

### (1) 시각 디자인(visual design)

시각 디자인이란 수용자의 눈을 통해 정보를 전달하는 모든 디자인을 통칭하는 말이다. 이러한 시각 디자인은 돈 시대의 사회적 현상이나 문화, 경제, 과학, 예술 등과 상호 작용하며 개념과 표현 양식이 변천되어 왔다. 시각 디자인은 광범위한 정보 산업 사회의 여러 가지 시각 정보를, 시각을 통해 체계적인 과정으로 그 전달력을 극대화하는 분야라고 할 수 있다. 오늘날 인간의 삶을 풍요롭게 하는 영역으로 확고히 자리 잡았으며, 인쇄 매체로부터 다양한 매체로 통용되어 발전의 발전을 거듭하고 있는 디자인 분야이다.

일반적으로 디자인이란 쓰임새와 모양을 동시에 만족시킴으로써 인간의 생활 속에 편리함과 미를 가져오는 조형 활동이라고 말할 수 있다. 시각 디자인은 정보를 가진 쪽과 정보를 원하는 쪽을 연결할 뿐 아니라 양자의 욕구를 바람직하게 일치시킬 수 있는 정보 가치를 창출하는 데 기여함으로써 정보화 사회에서의 정신적 풍요에 기여한다는 사회적 의의가 있다.

### (2) 시각 디자인의 조건

① **합목적성**
실용적인 목적에서의 합리성이 설정되어야 하고, 그에 따른 기능을 충족시켜야 한다.

② **심미성**
대중이 공통적으로 느끼는 미의식을 말하며 디자이너, 생산자, 소비자가 공감하는 미의식이어야 한다.

③ **경제성**
최소의 노력으로 최대의 효과를 얻고자 하는 것을 말한다.

④ **독창성**
창조적인 것이어야 한다.

⑤ **질서성**
합목적성, 심미성, 경제성, 독창성이 서로 유기적인 관계를 유지하게 도와주는 것이다.

## 02 시각 디자인 산업기사 시험 응시 자격 및 검정 방법

### (1) 시각 디자인의 개요

인쇄 매체와 영상 매체를 이용해서 정보를 효율적으로 시각화하는 종합적인 조형 능력을 길러 관련 직종에 대한 편집, 광고, 포장 및 영상 디자인 등의 직업을 수행함에 있어 아이디어의 시각화 및 컴퓨터 프로그램을 능숙하게 처리하는 등 시각 디자인 업무를 수행할 수 있는 인력 양성을 목적으로 한다.

### (2) 시각 디자인 산업기사 변천 과정

① 1995년 '시각 디자인 다기능 기술자'에서 시작되었다.
② 1999년 1차 개편을 통해 '시각 디자인 산업기사'로 개정되었다.
③ 2007년 세부 항목이 변경 및 추가되면서 2차 개편되었다. (2007. 1. 1~2011. 12. 31)

### (3) 직무 내용(수행 직무)

① 시각 디자인에 대한 전문 지식을 갖추고 디자인에 필요한 이론 및 자료를 분석한다.
② 디자인 도구와 컴퓨터 시스템을 이용하여 광고, 포장, 영상, 편집 디자인 등의 업무를 수행한다.

### (4) 진로 및 전망

① 시각 디자인의 영역이 점점 더 증가되어 중요시 되고 있다.
② 신문사, 잡지사, TV, 라디오 방송국, 광고 대행사, 편집 디자인, 패키지 디자인, 일러스트레이션, 그래픽 디자인, 디스플레이, 데코레이션 디자인, 인테리어 소품 디자인, 광고 디자인, 기업 홍보실 등에 수요가 많다.

### (5) 시험 응시 자격 및 자격 체계

① 관련 학과 4년제 대학 전 과정의 2분의 1 이상인 2학년 과정(4학기를 수료하고 2학년 수료자로서의 학점을 취득)을 마친 자
② 관련 학과 4년제 대학에서 2학년을 마친 후 휴학(중퇴)자 또는 3학년 이상의 학년에 재학 중인 자
③ 관련 학과의 전문대학 졸업자 또는 그 졸업 예정자(2학년에 재학 중인 자 또는 1학년을 수료한 자)
④ 다른 종목의 산업기사 자격을 취득한 자
⑤ 기능사 자격을 취득한 후 응시하려는 종목이 속하는 동일 직무 분야에 1년 이상 실무에 종사한 자
⑥ 기술 자격 종목별로 산업기사의 수준에 해당하는 교육 훈련을 실시하는 기관으로 인정하는 교육 훈련 기관의 기술 훈련 과정을 이수한 자 또는 이수 예정자(훈련 기관은 산업인력공단 홈페이지 참조)

⑦ 국제 기능 올림픽 대회나 노동부 장관이 인정하는 국내 기능 경기 대회에서 입상한 자

⑧ 응시하려는 종목이 속하는 동일 직무 분야에서 2년 이상 실무에 종사한 자

⑨ 외국에서 동일한 등급 및 종목에 해당하는 자격을 취득한 자

⑩ 「학점인정 등에 관한 법률」 제8조에 의해 전문대학 졸업자와 동등 이상의 학력을 취득 또는 같은 법 제7조에 의해 41학점을 인정받은 자

* 2007년부터는 관련 학과를 졸업하거나 기사는 4년, 산업기사는 2년의 관련 업무 경력이 있어야 자격이 된다.

### (6) 자격 검정 방법과 취득 방법

| 검정 방법 | 필기 시험 | • 객관식 4지 택일형 총 80문항(과목당 20문항) <br> • 시험 시간 : 과목당 30분 총 2시간 |
|---|---|---|
| | 실기 시험 | 작업형(7시간)은 러프 스케치 3개, 디자인 완성형 1개 컴퓨터 출력물을 제출한다.(시험 때마다 스케치의 종류와 개수에는 약간의 차이가 날 수 있다.) |
| 취득 방법 | 검정 절차 | 1차 필기 시험, 2차 실기 시험 |
| | 합격 기준 | • 필기 시험 : 100점 만점에 과목당 40점 이상, 전 과목 평균 60점 이상 합격 <br> • 실기 시험 : 필기 시험 합격자에 한해 100점 만점에 60점 이상 합격 |

### (7) 연도별 검정 현황표

| 종목명 | 연 도 | 응시 인원(필기+실기) | 합격 인원(필기+실기) | 합격률 |
|---|---|---|---|---|
| 시각 디자인 산업기사 | 2008 | 2,475 | 634 | 25.6% |
| 시각 디자인 산업기사 | 2007 | 1,964 | 602 | 30.7% |
| 시각 디자인 산업기사 | 2006 | 2,575 | 670 | 26% |
| 시각 디자인 산업기사 | 2005 | 2,501 | 504 | 20.2% |
| 시각 디자인 산업기사 | 2004 | 2,077 | 376 | 18.1% |
| 시각 디자인 산업기사 | 2003 | 2,087 | 300 | 14.4% |
| 시각 디자인 산업기사 | 2002 | 2,234 | 481 | 21.5% |
| 시각 디자인 산업기사 | 2001 | 1,567 | 353 | 22.5% |
| 시각 디자인 산업기사 | 1996, 2000 | 3,557 | 470 | 13.2% |
| 계 | | 21,037 | 4,390 | 20.9% |

### (8) 시험 시행처

한국산업인력공단(http : //hrdkorea.or.kr)

※ 시험 일정 및 자격에 관한 자세한 사항은 산업인력공단 홈페이지를 참조

## 03 시각 디자인 산업기사 시험 과목 및 출제 범위

### (1) 실기 시험

7시간(기본 디자인 : 4시간, 컴퓨터 작업 : 3시간)

① 기본 디자인 표현하기(수작업 70점, 4시간)

주제에 맞춰 아이디어를 표현해낼 수 있다.(러프 스케치를 할 수 있어야 한다. 디자인 완성형을 완성할 수 있어야 한다.) 그리고 4절 켄트지에 디자인 도구를 활용하여 주제에 맞는 디자인 작업을 한다.

㉠ 러프 스케치

- 서로 다른 개념으로 2~3개 대략적인 스케치를 한다.
- 색연필을 사용해 대략적인 컬러링을 한다.

㉡ 디자인 완성형

- 러프 스케치에서 작업한 것 중 1점을 선택해 세밀하게 표현한다.
- 표현 재료는 컬러링할 수 있는 것 중 가장 효과적인 것으로 채색한다.

② 컴퓨터를 이용한 표현하기(컴퓨터 프로그램 작업 30점, 3시간)

디자인 완성형을 컴퓨터 프로그램으로 표현할 수 있어야 한다. 그리고 컴퓨터 작업을 출력한 후 켄트지(4절)에 마운팅해 제출한다.

㉠ 디스켓 2HD 3.5″(1.44MB)에 수록될 수 있도록 작업 범위를 조절한다.

㉡ 제공된 소프트웨어를 모두 활용해야 한다.

㉢ 해상도 및 포맷 형식 : 제한 용량 범위 내에서 선택한다.

㉣ 재단선이 나타나도록 해야 한다.

※ 실기는 100점 만점에 60점 이상이면 합격한다.

### (2) 시험 과목(실기)

| 실기 과목명 | 주요 항목 | 세부 항목 | 세세 항목 |
|---|---|---|---|
| 시각 디자인 실무 | 시각 디자인 실무 | 기본 디자인 표현 | ① 섬네일 스케치(thumbnail sketch)를 한다.<br>② 러프 스케치(rough sketch)를 한다.<br>③ 디자인 완성형(comprehensive design)을 제작한다. |
| | | 컴퓨터를 이용한 표현하기 | 컴퓨터를 이용한 그래픽 작업을 한다. |

### (3) 출제 범위

① 2D 분야

일러스트레이션, 심벌, 캘린더, 포스터, 인쇄 매체 광고 및 편집 디자인, CI 및 BI 등이 있다.

② 준입체 분야

포장 디자인, POP 광고 디자인, 교통 광고 및 옥외 광고 디자인 등이 있다.

**(4) 수행 준거 사항 및 유의 사항**

디자인 콘셉트(design concept)와 디자인 작업(수작업)을 연계해 판단한다.

① 콘셉트에 따른 스케치를 할 수 있어야 한다.

② 디자인 완성형(comprehensive design)을 할 수 있어야 한다.

③ 컴퓨터와 그래픽 프로그램을 이용한 그래픽 작업을 할 수 있어야 한다.

④ 컴퓨터 주변 기기(프린터) 등을 운용할 수 있어야 한다.

## O4 수험자 유의 사항(유형별 공통)

① 수험자는 작업에 앞서 '요구 사항'을 숙지한 후 요구 사항의 내용에 맞게 작업하여야 한다.

② 디자인실에서 기본 디자인 작업을 실시한 후 컴퓨터실로 이동하여 컴퓨터 작업을 한다. 단, 컴퓨터실 작업 시간은 디스켓에 저장한 시점까지로 한다.

③ 지급 재료는 재지급하지 않는다.

④ 트레이싱지는 보조 재료로 활용하며, 4절 켄트지(2매) 가로방향 좌측 상단 끝에는 표제 고무인을 받은 후 수험 번호/성명을 기재하고, 컴퓨터 작업 후 출력된 프린트물을 마운팅한 부착 부위에는 감독 위원의 날인을 받도록 한다.

⑤ 지정하지 않는 표현 재료 및 방법은 수험자 임의로 하며, 지급된 켄트지 이외의 종이 재료를 활용하고자 할 때는 먼저 지급된 켄트지에 부탁하고, 부탁 주위에 감독자 확인 날인을 득한 후 작업한다.

⑥ 시설 목록상의 소프트웨어(Photoshop, Illustrator, Quark X-press 또는 PageMaker)가 하드웨어에 설치되었는지 확인한 후 작업한다. 단, 기타 동등한 소프트웨어를 수험자가 지참 활용하고자 할 때에는 시험 전 감독 위원 입회하에 설치하도록 한다.

⑦ 바탕화면에 TEST 폴더를 만들어 주기적으로 작업한 내용을 저장한다.

⑧ 컴퓨터에 작업된 내용을 지급 재료인 디스켓에 저장한 후 수험자가 직접 프린팅하도록 한다.

⑨ 지급된 켄트지 및 컴퓨터 작업 내에는 불필요한 내용의 표시를 하지 않는다.

⑩ 컴퓨터 H/W에 작업된 모든 내용은 시험 종료 직후 삭제하고, 지급된 디스켓과 출력물 및 켄트지, 시험 문제는 제출하도록 한다.

⑪ 다음과 같은 내용은 미완성 또는 부적격으로 채점 대상에서 제외한다.

    ㉠ 작업별로 제한 시간을 초과한 경우

    ㉡ 작업별로 미완성(80% 미만 표현)이 있는 경우

    ㉢ 컴퓨터 작업 내용이 디자인 완성형의 내용과 다른 경우

## 05 실기 시험을 위해 필요한 준비물

기본 준비물로 수험표, 신분증, 도시락, 볼펜(신상 명세를 쓸 때 용이) 등이 있다.

| 실기 준비물 | | 설 명 |
|---|---|---|
| 색연필 48색 이상<br>(물감, 마커, 파스텔) | | 채색 도구, 색연필(수채화 색연필 또는 유성 색연필) 사용이 가장 용이하다. |
| 자<br>(10cm, 30cm, 50cm) | | 칸을 그리며, 글자나 그 밖의 작은 도안에 사용된다. |
| 연필 HB, 2B | | 그림 스케치를 할 때 사용하고, 4B보다는 채색할 것을 염두에 두고 연필심이 흐린 HB, 2B를 사용하는 것이 용이하다. |
| 지우개 | | 그림을 수정할 때 사용한다. |
| 운형자, 컴퍼스,<br>템플릿 | | 원 등 기타 도형을 간단하고 빠르게 그릴 때 사용한다. |
| 연필깎이 | | 연필 또는 색연필을 깎을 때 사용한다. |

| 연 도 | 주 제 | 회 차 | 디자인 분야 |
|---|---|---|---|
| 2003 | 스마일 김치 | 1회 | 홍보 포스터 |
| 2003 | 10~20대가 선호하는 디지털 카메라 | 1회 | 잡지 광고 |
| 2003 | 미래 사회와 로봇(기사) | 4회 | 홍보 포스터 |
| 2003 | 바이오 로봇(기사) | 4회 | CIP |
| 2004 | 게임방 구매 시점 광고 | 1회 | POP |
| 2004 | 게임방 회원 카느 | 1회 | 회원 카드 |
| 2004 | 서울시 관광 | 2회 | 관광 홍보 포스터 |
| 2004 | 제주도 관광 | 2회 | 관광 홍보 포스터 |
| 2004 | 제주도 국제 민속 가면 축제(기사) | 2회 | EIP |
| 2004 | 제주도 국제 민속 가면 축제(기사) | 2회 | 배너 광고 |
| 2004 | 10~20대가 선호하는 MP3 | 4회 | 잡지 광고 |
| 2004 | 10~20대가 선호하는 디지털 카메라 | 4회 | 잡지 광고 |
| 2005 | 전통 성년의 날 행사 | 1회 | 행사 홍보 포스터 |
| 2005 | 전통 성년의 날 행사 | 1회 | 캘린더 |
| 2005 | 자연사 박물관 공룡전 | 2회 | 홍보 포스터 |
| 2005 | 자연사 박물관 포유류 특별전 | 2회 | 홍보 포스터 |
| 2005 | 부산 단편 영화제 | 2회 | 홍보 포스터 |
| 2005 | 부산 단편 영화제 | 2회 | 배너 광고 |
| 2005 | 대전 과학 도시 | 4회 | 캐릭터 및 CIP |
| 2005 | 대전 과학 도시 | 4회 | 교통 카드 |
| 2006 | 독도 사랑 홍보 | 1회 | 홍보 포스터 |
| 2006 | 독도 사랑 홍보 | 1회 | 배너 광고 |
| 2006 | 보령, 의성 마늘(기사) | 2회 | BI |
| 2006 | 보령, 의성 마늘(기사) | 2회 | 옥외 간판 광고 |
| 2006 | 안동 하회마을 별신굿 탈놀이 | 2회 | 리플릿 |
| 2006 | 안동 하회마을 별신굿 탈놀이 | 2회 | 신문 광고 |
| 2006 | 어린이 역사 박물관 | 4회 | 배너 광고 |
| 2006 | 어린이 역사 박물관 | 4회 | 신문 광고 |
| 2007 | 민속 전통 놀이 | 1회 | 캘린더 |
| 2007 | 민속 전통 놀이 | 1회 | 홍보 포스터 |
| 2007 | '헬스앤드헬스' 헬스클럽 | 2회 | 홍보 포스터 |
| 2007 | '스카이' 20대 여성 전용 골프장 | 2회 | 잡지 광고 |
| 2007 | 경기도 세계 도자 비엔날레 | 2회 | 배너 광고 |
| 2007 | 우리 옷에 담긴 아름다운 발자취(복식 의미) | 2회 | 북 커버 디자인 |

| 연 도 | 주 제 | 회 차 | 디자인 분야 |
|---|---|---|---|
| 2007 | 어린이 종합 비타민제 | 4회 | 라벨 디자인 |
| 2007 | 어린이 종합 비타민제 | 4회 | 리플릿 |
| 2008 | 한국 전통 한식 즉석 비빔밥 | 1회 | 라벨 디자인 |
| 2008 | 전통 전주 즉석 비빔밥 | 1회 | 잡지 광고 |
| 2008 | 세계 태권도 한마당 축제 | 2회 | 홍보 포스터 |
| 2008 | 대중교통 이용 공익 행사 | 2회 | 홍보 포스터 |
| 2008 | 지구의 날 기념행사 | 2회 | 홍보 포스터 |
| 2008 | 지구의 날 기념행사 | 2회 | 배너 광고 |
| 2008 | 국내 입양 활성화 | 4회 | 홍보 포스터 |
| 2008 | 국내 입양 활성화 | 4회 | 북 커버(안내 책자) |
| 2009 | R-16 코리아 스파클링 서울 비보이 대회 | 1회 | 입장권 |
| 2009 | R-16 코리아 스파클링 서울 비보이 대회 | 1회 | 홍보용 엽서 |
| 2009 | 대한민국 여권 공모전 | 2회 | 홍보 포스터 |

◐ 과년도 출제 문제 출제 빈도 순위

| 1위 | 공익, 행사 홍보 포스터 20회 출제 |
|---|---|
| 2위 | 배너 광고 5회 출제 |
| 3위 | CIP 형식(BI, 티 포함) 4회 출제(기사만 출제) |
| 4위 | 리플릿 3회 출제 |
| 4위 | 카드 형식(교통 카드, 이카드, 회원 카드) 3회 출제 |
| 4위 | 캐릭터 제작 3회 출제 |
| 4위 | 패키지(라벨, 쇼핑백) 3회 출제 |
| 5위 | 신문 광고 2회 출제 |
| 5위 | 캘린더 2회 출제 |
| 5위 | 북 커버 2회 출제(안내 책자 포함) |
| 5위 | 초대장, 입장권 2회 출제 |
| 6위 | POP 광고, 옥외 광고, 기념 우표, 홍보용 엽서, 사인 광고 각각 1회 출제 |

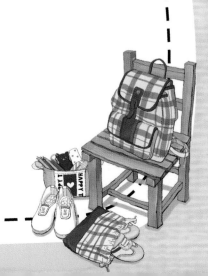

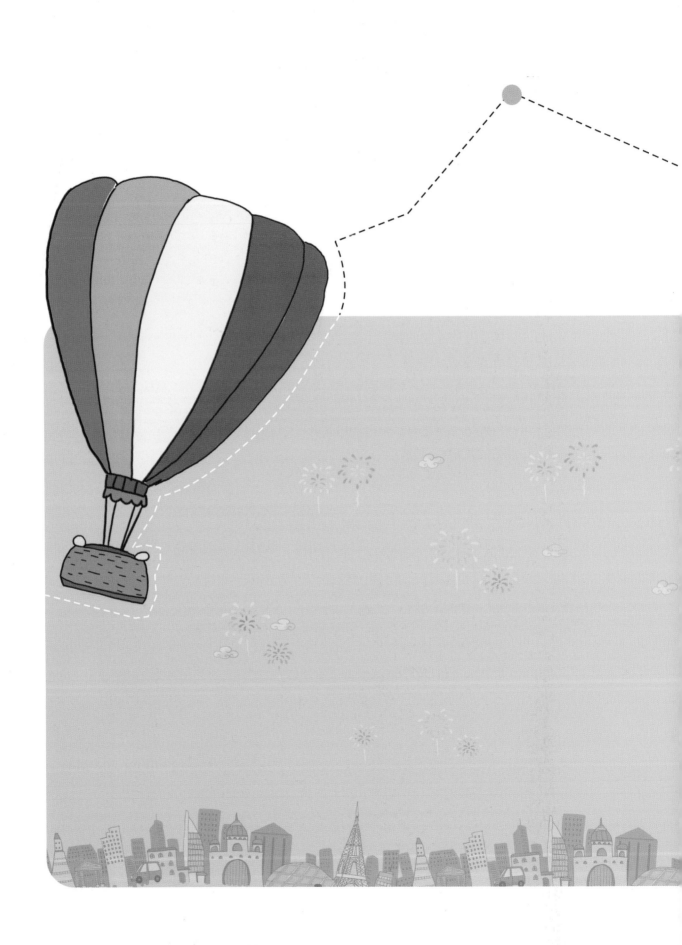

# PART 01

# 시각 디자인 실무

# 수작업 프리핸드 표현 기법

## 01 | 연필 표현

연필은 스케치, 밑그림 등의 드로잉에서부터 정밀한 작품까지 모든 것에 이용되는 가장 기본적인 재료로서 간색의 묘사 재료 중 질감 표현이 쉽고 수정도 간단히 할 수 있는 등 여러 장점이 있다.

### (1) 연필 종류

① H(Hard)

심이 단단한 정도를 표시하며, H계열의 숫자가 높을수록 심은 단단하고 명암의 톤은 밝아진다.

② B(Black)

심의 무른 정도를 표시하며, B계열의 숫자가 높을수록 심은 무르고 명암의 톤은 진하게 표현된다.

③ HB

H와 B의 중간 정도의 굵기이다.

④ F

HB와 H의 중간 정도의 굵기이다.

➋ 연필의 종류에 따라 명암의 거칠고, 부드럽고, 단단한 느낌의 정도가 다르게 나타난다. 그러므로 대상물의 색상과 질감의 차이에 따라 연필의 선택은 중요하다.

## (2) 8단계 명암 표현

각 연필을 사용한 명암 단계 표현, 힘의 강약으로 명암 단계를 표현한다. 연필은 명도로만 나타낼 수 있다. White, Black 등 흑백으로 표현하는 것이므로 각 단계의 밝고, 어둠의 차이를 명확하게 나타내야 한다.

➔ 8단계 명암 표현

## (3) 연필을 이용한 기본 형태의 입체 표현

### ① 정육면체의 명암 표현

ㄱ 정육면체의 형태상 특징은 6면의 정사각형의 2차원 평면으로 조합된 형태이다.

ㄴ 명암의 톤 차이를 가지며 수평면과 수직면의 특징을 보여준다.

ㄷ 동일한 면의 명암 차이는 적으나 면과 면의 입체 형태에 대한 명암 차이는 크며 정육면체의 입체 형태를 갖는다.

➔ 정육면체의 명암 표현

### ② 원기둥의 명암 표현

ㄱ 원기둥의 형태상 특징은 윗면과 수평면과 정면의 곡면으로 조합된 형태이다.

ㄴ 윗면의 수평면은 정육면체의 윗면과 동일하지만 정면의 곡면은 곡면의 차이에 따라 어둡고 밝기가 동시에 그라데이션으로 자연스럽게 나타난다. 명암을 표현할 때 기본적으로 형태 방향의 장선을 쓰며 그리다가 마무리 정리를 할 때 단선을 사용하여 각 면의 명암 단계가 연결되도록 나타낸다.

➔ 원기둥의 명암 표현

### ③ 원뿔의 명암 표현

원뿔의 명암 특징은 원기둥 전면의 곡면 부분과 동일하지만 상단 부분의 꼭짓점이 한점으로 모이게 되므로 명암 처리 시 주의해야 한다. 또한 원기둥과 마찬가지로 8단계의 명암 표현이 자연스럽게 연결되도록 나타내야 한다.

➔ 원뿔의 명암 표현

### ④ 구의 명암 표현

구는 사방으로 연속되는 직선들이 모아져서 곡선 곡면이 되는 다각형 형태이다.

➔ 구의 명암 표현

## (4) 연필을 이용한 그림

➜ 호박

➜ 자동차

➜ 천이 있는 풍경

➜ 휴대폰

➲ 침대 풍경

➲ 실외 1

➲ 실외 2

➲ 실외 3

➜ 아프리카 소년

➜ 소파

➜ 가방 위 모자

➔ 캐릭터 애니메이션 1

➔ 캐릭터 애니메이션 2

➔ 캐릭터 애니메이션 3

색연필은 대상 물체가 따뜻하고 부드러운 느낌의 재질감 표현 시에 알맞은 재료이지만 색연필 끝이 쉽게 뭉게지는 단점이 있으므로 세밀한 묘사가 요구될 때에는 자주 깎아 사용하는 것이 좋다. 색연필을 이용하여 색을 칠할 때 연필이라고 생각하고 보통 연필과 같이 선과 형태, 명암, 그리기를 반복한다면 좋은 결과를 가질 수 있다.

### (1) 색연필의 종류

① 유성 색연필

단단한 심으로 잘 부서지지 않고 정교한 표현이 매우 유용하며 방수성을 가지고 있으나 색의 범위가 제한된 것이 있다. 그리하여 색연필을 구입할 때는 색상이 많은 것을 구입하는 것이 유용하다.

② 수성 색연필

물에 녹을 수 있는 수채화 색연필로 이것은 굵고 가는 제품으로 수채화의 중간적 묘사에 적절하다. 사용 방법은 유성 색연필과 동일하지만 그 후 붓을 이용하여 수채처럼 어떻게 표현하느냐에 따라 달라진다.

※ 색연필을 사용하여 본 후 그 특성을 잘 파악하여 대상의 재질감과 특성과 잘 맞는 것을 선택하는 것이 좋다.(시각 디자인 실기 준비에서는 수성 색연필보다는 유성 색연필이 표현하기에 더 적합하다.)

➔ 색연필은 48색 이상(색을 만드는 데 한정되어 있어)의 색을 사는 것이 좋다.

### (2) 색연필 쥐는 방법

색연필은 연필 쥐듯이 편하게 잡는다. 꼼꼼하게 칠할 때는 약간 짧게 잡고, 가볍게 칠할 때는 약간 길게 잡으면 훨씬 편하다.

➔ 색연필 쥐는 방법

## (3) 선 긋기의 종류 3가지

➜ 가는 선

➜ 중간 선

➜ 두꺼운 선

## (4) 방향에 따른 선 긋기

➜ 수직선

➜ 수평선

➜ 대각선

## (5) 그라데이션 표현

그라데이션(gradation)이란 색깔이 점차로 변화하는 단계를 말하며, 드로잉의 중요한 기초이다.

안쪽 부분을 강하게 여러 번 긋고 그 다음 부드럽게 연결시켜 중간 단계를 만든다.

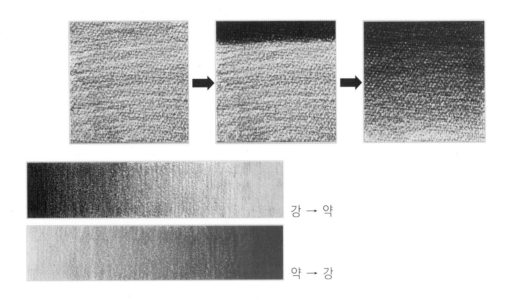

강 → 약

약 → 강

### ① 그라데이션 효과 1(세로 방향)

### ② 그라데이션 효과 2(가로 방향)

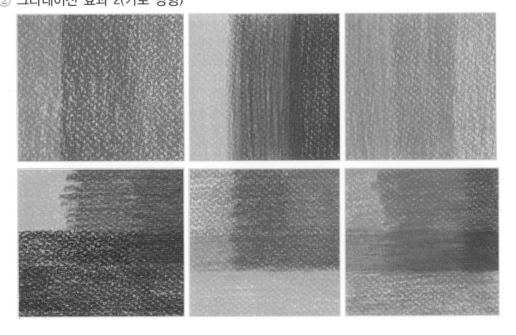

## (6) 문지르기 표현

색연필로 문지르기를 하는 이유는 색연필 가루가 종이의 표면에 고루 퍼지게 하여 부드러운 톤을 만들기 위해서이다. 두 가지 이상의 색깔을 섞을 때나 부드러운 그라데이션을 만들 때에도 문지르기를 한다. 그러면 문지르기 표현하지 않고 그라데이션한 표현보다 자연스러움이 더 있을 수 있다.

문지르기를 위한 도구로는 거즈, 솜, 면봉, 티슈 등을 사용하며 때로는 손가락을 쓰기도 한다.

### ① 색연필을 이용한 입체 표현

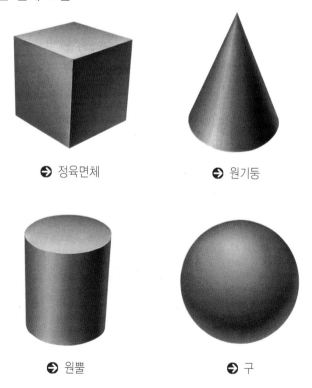

❸ 정육면체   ❸ 원기둥

❸ 원뿔   ❸ 구

② 색연필을 이용한 그림

→ 장미 1

→ 뽀로로와 친구들

→ 호랑이

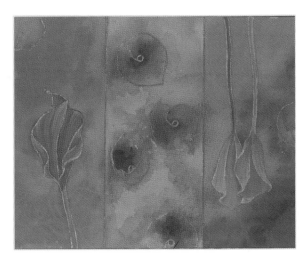

→ 퍼짐

→ 장미 2. 이은정 학생작

➔ 기생. 이은정 학생작

➔ 소녀. 이은정 학생작

마커는 잉크에 따라 오일 마커, 수성 마커, 알코올 마커로 구분된다. 보통 휘발성이 있어 빠르게 건조되고 인쇄된 잉크를 녹이지 않는 특성과 발색이 뛰어난 알코올 타입의 마커를 많이 사용한다. 특히 스케치 마커라 부르는 브러시 타입의 마커는 촉자체의 유연성으로 인해 수채화 같은 효과를 낼 수 있고, 넓은 면의 채색과 자유로운 곡선의 터치까지 가능하여 마커 촉의 딱딱한 결을 부드럽게 해주는 데 효과적이다. 보편적으로 쓰이는 마커로는 알코올 마커가 있으며, 마커의 제조사에 따라 번짐의 종류가 약간씩 다르게 나타난다.

➡ 마커는 색의 혼합이 어려우므로 48색 이상 사용하여야 색이 끊김이 많지 않다. 색연필보다는 자연스럽게 이어주는 그라데이션 효과가 떨어진다.

### (1) 특 성

① 마커 잉크는 깨끗하고 투명해서 밑그림이나 애벌칠이 적합하다.(GRAY로 사용할 경우)
② 빠른 라인 작업과 색상 작업이 좋아 그래픽 작업에 용이하다.
③ 색상 조절이 용이하고 톤(tone) 효과가 좋다.
④ 칠할 때는 쉬지 않고 빠른 속도로 칠해야 한다.(알코올 성분이 들어 있어 번짐 현상이 심하기 때문)
⑤ 수정이 어렵다.

### (2) 마커를 이용한 그림

➡ 실외 풍경 1(paper on Marker)

● 테이블 위 꽃(paper on Marker)

● 골목길 풍경
(트레싱지 on Marker)

### (1) 특 성

펜은 스케치, 밑그림 등의 드로잉에서부터 정밀한 작품까지 모든 것에 이용되는 재료이다. 연필과 같이 명암만을 넣을 수도 있고 색상이 다양한 펜을 이용해 색연필의 효과처럼 색상을 넣을 수도 있다. 또한 펜은 거칠고 날카로운 느낌을 들게 하며, 수성 펜을 물과 함께 이용해 수성 색연필(수채화 색연필)과는 또 다른 채색 느낌을 표현할 수 있다.

부드럽고 매끄러운 선을 위해서 선 굵기가 일정하게 유지되는 것이 좋고, 거칠고 투박한 선을 위해서는 펠트펜과 같은 탄력 있는 재질의 펜을 사용하면 좋다.

이처럼 그 사용 목적에 따라 펜의 사용을 달리 해준다.

➜ 플러스 펜(Plus pen)

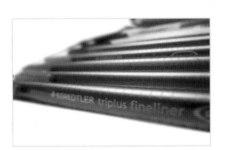

➜ 파인라이너 펜(Fineliner)

### (2) 펜을 이용한 그림

➜ 한옥(Plus pen)

● 정자(유성펜, Pigment Liner pen)

● 샹드렐라(수성펜, Plus pen)

# 디자인 표현 기법

## 01 | 레이아웃

### (1) 정 의

레이아웃이란 타이포그래피 사진 및 일러스트레이션 여백, 색상 등의 구성 요소들을 제한된 지면 안에 배열하는 작업을 말한다. 레이아웃의 구성 요소들을 규칙적으로 배치하는 것만으로는 미흡하고 기본적으로 가독성, 명쾌성, 조형성, 창조성 등을 충분히 고려한 작업물이 되도록 해야 한다.

### (2) 구성 요소

구성 요소가 조화롭고 균형 있게 논리적으로 배열되었을 때 성공적인 레이아웃이 될 수 있으며, 이럴 때 내용이 보다 쉽고 정확하게 전달된다.

① 가독성

지면의 내용을 읽기 쉽고 이해하기 쉬우며, 중요한 것과 중요하지 않은 것을 한눈에 알 수 있도록 한다.

② 주목성

독자의 시선을 컬러 혹은 타이포그래피 등 레이아웃의 구성 요소들로 집중시켜 내용에 주목하도록 한다.

③ 조형성

레이아웃 구성 요소들의 변화를 통해 보기 좋고 시각적으로 안정되고 아름답게 표현한다.

④ 창조성

기존의 레이아웃과 차별화되고 단조롭지 않도록 새로운 시도를 통해 흥미롭게 하며 개성을 부여한다.

⑤ 기억성

오래 남을 수 있도록 지면을 레이아웃한다.

## 02 | 레이아웃의 이해

하나의 지면을 레이아웃하기 위해 여러 가지 개념들과 방법들이 사용되어 왔다. 여러 가지 방법들을 토대로 한 레이아웃의 종류를 알아보고 실제 시험에 응용해 볼 수 있도록 하자.

레이아웃의 조건을 만족시키고 충족시키기 위해 도입된 하나의 방법이 그리드법인데 그리드를 유지한 레이아웃과 그리드를 무시한 레이아웃에 대해 알아보고자 한다.
여기서 그리드란 레이아웃을 하기 위한 뼈대 혹은 틀이라고 생각하면 된다.

## 03 | 그리드 표

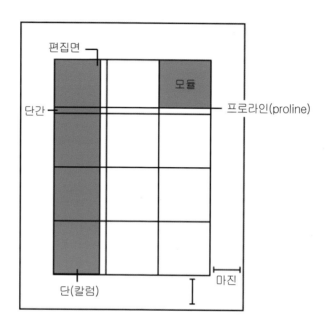

| 마진 | 지면의 시각적인 휴식 공간을 제공하며 지면의 통일감을 부여한다. 주요 내용 외에 부속적인 정보를 배치하는 영역으로 기능하기도 하며, 빈 공간 이상의 기능을 가진다. |
|---|---|
| 단간 | 단과 단 사이의 간격을 말하며, 단과 단 사이의 간격 조절을 통해 레이아웃을 특색 있게 도모할 수 있다. |
| 단(칼럼) | 문자를 정렬한 세로 길이의 영역으로 편집 면을 세로로 분할한 면을 말한다.<br>2단, 4단, 3단, 6단 및 혼합 그리드로 다양하게 분할하여 레이아웃의 시각적인 규칙이나 면을 나타낼 수 있다. |
| 모듈 | 편집면을 가로와 세로로 분할한 한면의 단위를 말한다. |
| 프로라인 | 지면을 상하로 분할하는 선이며 지면을 횡단하는 것처럼 시선을 이끄는 움직임을 갖는다.<br>또한 텍스트나 이미지의 개시점, 종료점으로서의 기능을 갖는다. |

## (1) 블록 그리드

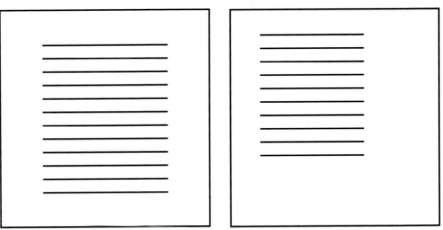

블록 그리드는 하나의 칼럼을 기본으로 레이아웃하는 방법이다. 편집면을 둘러싼 위쪽, 아래쪽, 안쪽, 바깥쪽 여백을 마진이라고 하는데 마진과 하나의 칼럼으로 이루어진 것이 블록 그리드의 기본 구조가 된다. 따라서 블록 그리드는 칼럼의 크기와 마진의 넓이를 어느 정도로 결정하느냐에 따라 지면의 분위기가 결정된다. 마진을 효과적으로 사용하는 것이 중요하다.

① 블록 그리드의 장점
    차분하고 안정감 있게 나타내야 하는 주제가 나왔을 때 사용하면 시각적으로 밋밋해 보일 순 있으나 심플한 느낌이 크기 때문에 깔끔하고 정리된 인상을 줄 수 있다.
② 블록 그리드 사용하면 좋은 디자인 분야
    포스터, 리플릿, 신문 광고

● 블록 그리드 사용 예시

## (2) 칼럼 그리드

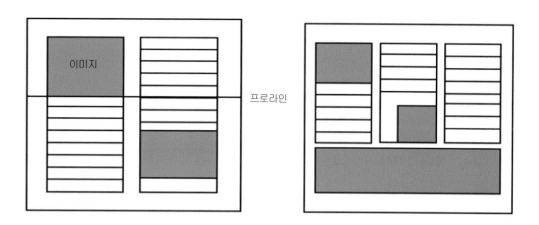

프로라인

칼럼 그리드는 여러 개의 세로 단을 바탕으로 레이아웃하는 방법으로 프로라인을 가진다. 칼럼 그리드의 프로라인은 지면을 상하로 분할하는 선이다. 이것은 지면의 텍스트나 이미지의 개시점 혹은 종료점으로서의 기능을 가지며, 잘 활용하면 지면을 활력적으로 보이게 할 수 있다.

① 칼럼 그리드의 장점

블록 그리드보다 더 다양성이 큰 레이아웃이기 때문에 더 세밀한 내용 분할과 사진이 들어가야 할 때 쓰면 좋다. 블록 그리드와 같이 같은 디자인 분야를 다루더라도 더 활기찬 주제를 다룰 때 쓰면 효과적이다.

② 칼럼 그리드를 사용하면 좋은 디자인 분야

포스터, 리플릿, 신문 광고, 패키지 등

➔ 시각디자인, 서진호 학생작

# creativity

sensitivity

but a waste of time and she was right don,t understand it blood on your hands and still you insist on repeatedly trying to tell me lies and i just don,t know why this is stupid i,m not stupid don,t talk to me
but a waste of time and she was right don,t understand it blood on your hands and still you insist on repeatedly trying to tell me lies and i just don,t know why this is stupid i,m not stupid don,t talk to me

but a waste of time and she was right don,t understand it blood on your hands and still you insist on repeatedly trying to tell me lies and i just don,t know why this is stupid i,m not stupid don,t talk to me
but a waste of time and she was right don,t understand it blood on your hands and still you insist on repeatedly trying to tell me lies and i just don,t know why this is stupid i,m not stupid don,t talk to me

but a waste of time and she was right don,t understand it blood on your hands and still you insist on repeatedly trying to tell me lies and i just don,t know why this is stupid i,m not stupid don,t talk to me
but a waste of time and she was right don,t understand it blood on your hands and still you insist on repeatedly trying to tell me lies and i just don,t know why this is stupid i,m not stupid don,t talk to me

# TEENS
## BEFORE THEIR TIME

# DOT - COM

# TOGEHER

## (3) 모듈 그리드

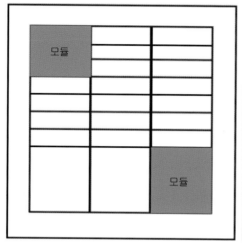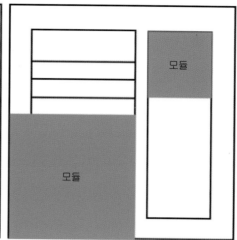

모듈 그리드는 칼럼 그리드에 수평으로 프로라인이 추가되면서 생겨나는 모듈을 바탕으로 하는 레이아웃이다. 이 각각의 모듈이 레이아웃 구성 요소들을 배치해 주는 가이드 역할을 해 주며 지면을 이끌어준다.

① 모듈 그리드의 장점

모듈 그리드에서 가장 중요한 것은 모듈의 크기이다. 모듈의 크기만 잘 지정해 주면 칼럼 그리드로는 부족한 복잡한 구성을 잘 소화할 수 있으며, 레이아웃의 구성 요소가 많은 경우에도 섬세하게 잘 나타낼 수 있다.

② 모듈 그리드를 사용하면 좋은 디자인 분야

포스터, 배너 광고, 패키지, 리플릿, 신문 광고

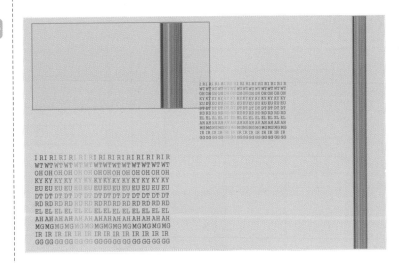

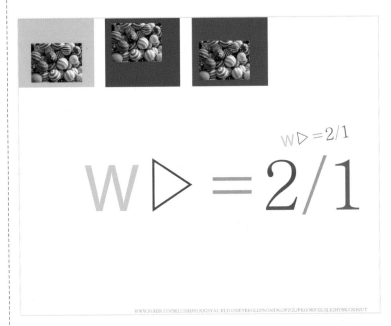

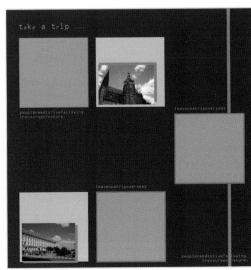

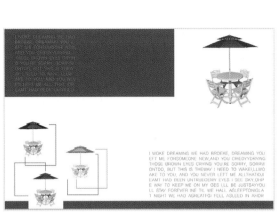

## (4) 그리드가 무시된 레이아웃

레이아웃의 보이지 않는 골격이라 할 수 있는 그리드를 활용하지 않고 지면 내에서 레이아웃 구성 요소들의 조화를 고려하며 자유로이 디자인하는 것을 말한다. 특별한 규제 없이 레이아웃 구성 요소들을 감각적으로 자유롭게 배치하는 방법과 그리드를 기본으로 변형시키는 방법, 이 두 가지로 큰 틀을 나눌 수 있다.

➲ 그리드라는 큰 뼈대를 무시한 자유로운 레이아웃

➔ 파격적인 사선을 이용한 영화 포스터
  (WRITTEN영화포스터, www.indiestory.com)

➔ 블록 그리드를 기본으로 변형시킨 민족 문화제 포스터

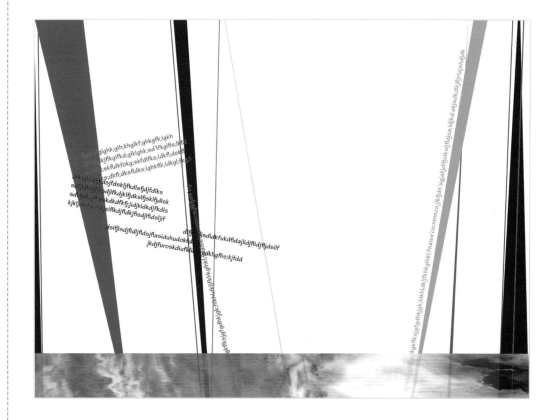

모든 디자인 영역의 완성물에 완성도를 높이며 주제를 더욱더 효과적으로 나타내는 역할을 한다. 색채의 중요한 요소에 대해서 알아보고 응용할 수 있는 방법에 대해 알아보자.

① 이렇듯 색이 있고 없음에 따라 음식 광고 사진의 분위기는 확연히 달라진다. 색이 가지는 전달성 중 맛을 연상하게 하고 느끼게 하는 힘은 큰 편이다. 흑과 백으로도 충분히 분위기를 만들어 낼 수 있지만, 전달하려는 콘셉트에 맞는 컬러감과 톤을 사용할 때 그 디자인물의 완성도(전달성)는 훨씬 높아진다.

② 색은 주관적인 이미지와 객관적인 이미지가 오묘하게 겹쳐 있기 때문에 객관적인 색채를 쓸 때 자신의 의도를 대중에게 더 잘 알릴 수 있다. 색에 대한 기본 상징과 연상 언어에 대해서 알아두면 색을 쓸 수 있는 범위가 훨씬 늘어난다.

| 색 채 | 색 명 | 상 징 |
|---|---|---|
|  | 빨강(R) | 정열, 위험, 흥분, 애정, 태양 |
|  | 주황(YR) | 즐거움, 기쁨, 건강, 따뜻함 |
|  | 노랑(Y) | 명랑, 환희, 희망, 유쾌, 황금 |
|  | 연두(GY) | 신선, 생동, 자연, 초여름, 안정 |
|  | 녹색(G) | 평화, 상쾌, 희망, 평정, 안전 |
|  | 청록(BG) | 청결, 냉정, 이성, 호수, 삼림 |
|  | 파랑(B) | 젊음, 차가움, 명상, 영원, 바다 |

| 색 채 | 색 명 | 상 징 |
|---|---|---|
| | 남색(PB) | 공포, 침울, 냉철, 무한, 우주 |
| | 보라(P) | 우아, 고독, 신비, 예술, 신앙 |
| | 자두(RP) | 사랑, 애정, 화려, 아름다움, 애정 |
| | 흰색(W) | 순수, 순결, 신성, 정직, 청결 |
| | 회색(GRAY) | 평범, 겸손, 침울, 무기력 |
| | 검정(K) | 허무, 불안, 절망, 죽음, 방 |

## 05 | 배색 기법에 따른 효과

### (1) 동일색 배색

톤온톤이라고 하며 색상은 같고 명도와 채도, 즉 톤으로 변화를 준 배색 기법이다.

### (2) 유사색 배색

색상환에서 근접해 있는 유사색을 사용하며, 색상을 통해 조화로움을 준다. 톤은 달리 사용할 수 있는 배색 기법이다.

유사색을 이용한 예시

## (3) 반대색 배색

색상환에서 가장 멀리 떨어져 있는 색들을 통한 배색 기법으로 개성이 강하고 활동적 인 느낌을 줄 수 있는 배색 기법이다.

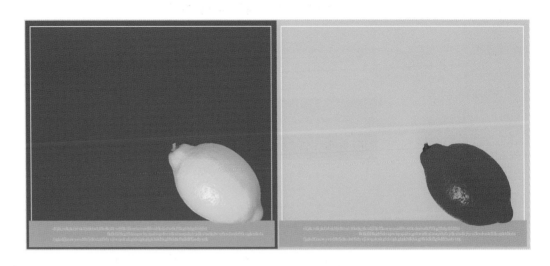

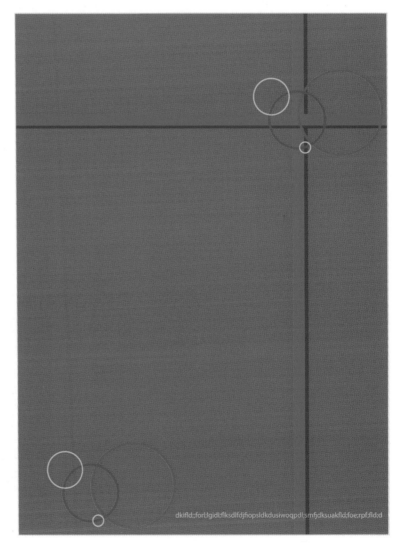

## (4) 액센트(accent) 컬러 배색

전체적인 공간에서 가장 주목되어야 할 부분에 주변 색들에 비해 톤의 느낌이나 색상의 느낌을 가장 차이를 내주어 배색하는 기법이다. 채도를 높게 하여 나타낼 때 가장 그 느낌이 잘 나타나는 배색 기법이다.

액센트 컬러를
이용한 예시

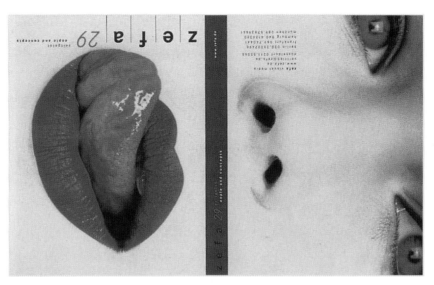

➔ zefa visual media gmbh의 책 디자인, 2000년

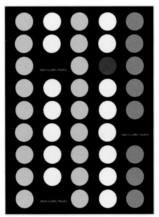

## (1) 타이포그래피의 정의

활자의 배열 및 활자의 시각적 표현을 뜻한다. 커뮤니케이션 수단에 그치지 않고 활자의 조형미를 살려 예술적으로 확산되기도 한다.

## (2) 타이포그래피 사용 시 고려할 사항

### ① 한 지면에 많은 서체를 사용하지 않는다

전체 디자인의 일관성을 갖추기 위해 본문에 동일한 패밀리 서체 안에서 서체의 굵기, 크기 등의 변화를 주는 정도로 차별화하는 것이 좋다.

### ② 가독성에 비중을 둔다

타이틀, 본문, 캡션 등은 차별이 되는 서체를 선택한다. 본문은 적절한 크기와 무게의 활자로 읽혀지는 데 어려움이 없는 서체를 사용하고, 타이틀 서체는 한눈에 알아 볼 수 있는 활자를 사용하여 전달하는 것에 혼돈의 여지를 없애준다.

### ③ 적절한 글자 사이(자간), 글줄 사이(행간)를 사용한다

자간, 행간이 너무 붙거나 떨어져 있으면 가독성이 떨어진다.

### ④ 디자인 콘셉트에 맞는 서체를 사용한다

서체의 선택으로 디자인 전체의 이미지가 좌우될 수 있으므로 서체마다 갖는 각기 다른 느낌을 잘 선택한다.

### ⑤ 사용되는 서체들의 조화를 고려한다

한 지면에 사용되는 서체들이 조화롭고 통일감 있어야 한 지면이 하나의 콘셉트로 조화롭게 디자인될 수 있다.

## (3) 타이포그래피를 통한 레이아웃 응용법

### ① 큰 글자

가독성은 떨어지나 흥미를 유발할 수 있다.

➔ 큰 글자를 사용한 예시

② 작은 글자

가독성은 뛰어나나 지루함을 줄 수 있다.

➔ 작은 글자 예시 1

➔ 작은 글자 예시 2

③ 다양한 크기의 글자

㉠ 지면이 복잡해 보이고 통일감도 없어 보일 수 있으나 최근에는 실험적인 디자인의 사례가 늘고 있다.

➔ 다양한 글자 크기 예시 1

● 다양한 글자 크기 예시 2

● 다양한 글자 크기 예시 3

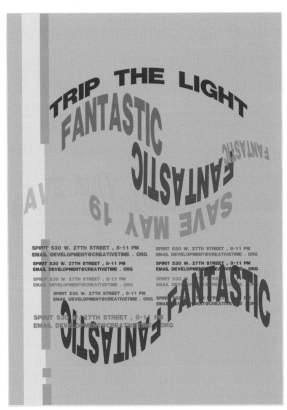

● 다양한 글자 크기 예시 4

ㄴ 디자인 콘셉트에 맞게 디자인의 기본 원리를 바탕으로 계획적인 디자인 의도에 맞게 활자의 크기를 적절히 변화해 주는 것이 적합하다.

④ 글줄 사이

　　㉠ 글의 줄과 줄 사이를 말하며 '행간'이라고 한다.

　　㉡ 글줄 사이의 변화로 글줄의 길이와 글줄의 넓이 등 여러 가지 요소로 레이아웃에
　　　 변화를 줄 수 있다.

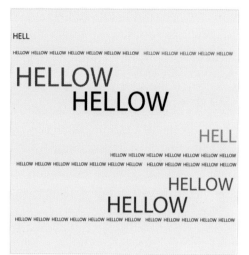

➜ 짧은 글줄과 긴 글줄의 변화를 통한 예시 1

➜ 넓은 글줄 사이와 좁은 글줄 사이

➜ 타이포그래피의 크기, 글줄 길이, 행간 등에 변화를 준
　 레이아웃 예시

⑤ 주제와 콘셉트에 따라 레이아웃의 요소들이 잘 자리를 잡을 때 전달성 있고 아름
　 다운 시각 디자인물이 완성될 수 있다.

## Section 03

# 예제 비교를 통한 시각 디자인 필수 요소 분석

●MP3 잡지 광고 Ⅰ●

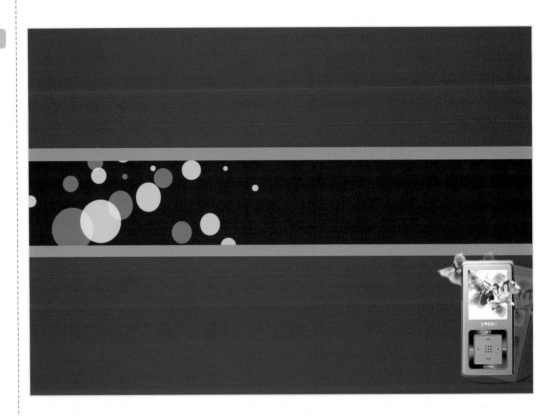

●MP3 잡지 광고 Ⅱ●

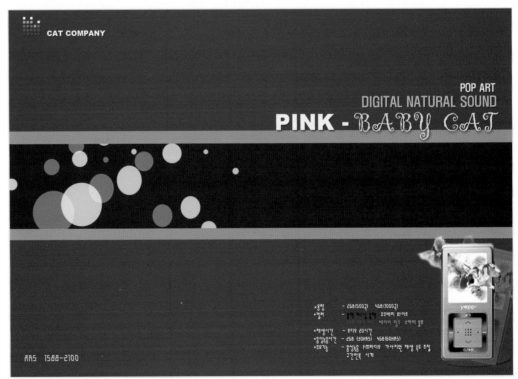

## 01 | 예제를 통한 시각 디자인 구성 요소

위에 제시된 두 가지의 제품 잡지 광고를 보면 차이점을 발견할 수 있다. 1-1은 이미지만 제시되어 있는 잡지 광고이고, 1-2는 제품명, 제품의 주요 기능, 제조 회사 등 제품을 선택하는 데 도움이 되는 정보가 제시되어 있다. 우리가 소비자라고 생각해 보았을 때 어떤 광고물을 선택할 것인가? 선택은 당연히 후자일 것이다.

시각 디자인을 잘 이해하고 디자인하려면 보는 사람의 입장에서 다시 한 번 생각해보는 자세가 필요하다. 위 광고물은 '핑크 베이비 캣'이라는 MP3 잡지 광고이다. 잡지 광고의 특성상 비주얼이 가장 중요한 요소이긴 하지만 최소한의 기능과 제조 회사 등 필수 요소들이 없으면 전달성이 현저히 떨어지게 된다. MP3가 어디에서 만들어졌는지, 주된 기능은 무엇인지, 자세한 내용을 물어볼 곳은 어디인지, 제품의 콘셉트가 소비자인 나와 맞아 떨어지는지에 대한 자세한 설명이 조화롭게 나타나 있을 때 이 잡지 광고는 전달성이라는 힘을 갖게 된다.

시각 디자인 시험은 몇 장의 사진과 간략한 내용만으로 각자의 콘셉트를 정하고 아이디어를 전달하는 시험이다. 시험을 치르는 모든 수험자에게 동일한 주제와 사진이 주어진다. 같은 사진이라도 어떻게 포장하고 전달하느냐가 관건인 시험인 것이다. 그렇기 때문에 필수 요소들이 중요하다.

디자인물을 구성하는 요소들에는 이미지 요소와 내용적인 요소, 부가적인 요소로 나누어 볼 수 있다.

## 02 | 필수 요소 분석

### (1) 이미지 요소

① 사진

시험에 제시된 컬러 사진들로 디자인물의 분위기를 결정짓기 때문에 편집면 안에서의 사진의 크기나 배치 등을 잘 파악하고 고려해서 설정해야 한다.

② 일러스트

시험에 제시된 사진 혹은 내용들로 단순화시킨 그림이다.

③ 캐릭터

일러스트의 하나로 주제를 잘 나타내며 개성과 이미지가 부여된 존재이다.

④ 클립아트

편집면을 장식하는 그림적인 요소이다.

### (2) 내용적인 요소

① 헤드라인

디자인물의 유형에 따라 조금씩 다른 형식으로 변하지만 제목이라고 생각하면 된다. 제품 광고일 때는 제품명이 헤드라인이 될 것이고, 포스터나 신문광고에선 표제가 될 것이다.

② 카피

광고 용어로 광고 원고를 가리키는 말이지만 주제를 함축하면서도 흥미를 끌 수 있는 하나의 문장으로 혼용되어 사용되고 있다.

③ 보디 카피

전체적인 내용이라고 생각하면 된다. 예를 들어 행사 포스터라면 행사 일정이나 기간, 행사 내용 등 표제나 카피를 뺀 내용적인 부분이다.

## (3) 부가적인 요소

로고, 마크, ARS, 홈페이지 주소 등이 들어간다.

# 과년도 문제를 기준으로 한 아이디어 시각화 및 디자인화

## 01 | 아이디어의 시각화, 디자인화

각자의 머릿속에 있던 아이디어들이 모든 이들의 공감을 이끌어 낼 수 있는 디자인물이 되려면 아이디어가 머릿속에서만 맴돌지 않고 전달성 있는 디자인으로 밖으로 표현이 되어야 한다.

디자인하려는 주제나 대상을 충분히 검토한 후 주제나 대상이 대중에게 전달하려는 것이 무엇인지, 주제나 대상을 잘 부각시킬 요소들은 무엇이 있는지 잘 파악을 해야 한다.

## 02 | 자유 연상법

주제나 대상에서 연상되는 단어들과 이미지를 자유롭게 종합, 나열시킨 뒤 가장 호소력 있고 콘셉트와 연관성 있는 것들을 간추린다. 간추린 것들을 개성을 살려 단순화시킬 때 그것은 자신만의 아이디어가 아닌 개성 있고 전달성 있는 디자인이 될 수 있다.

자유 연상법을 통한 아이디어의 시각화 과정을 살펴보자.

### (1) 2007년 경기도 세계 도자 비엔날레 상징 마크

이 심벌마크는 2007년도 시험 문제였던 경기도 세계 도자 비엔날레를 상징하는 마크로 제작된 것이다.

① 제작 과정

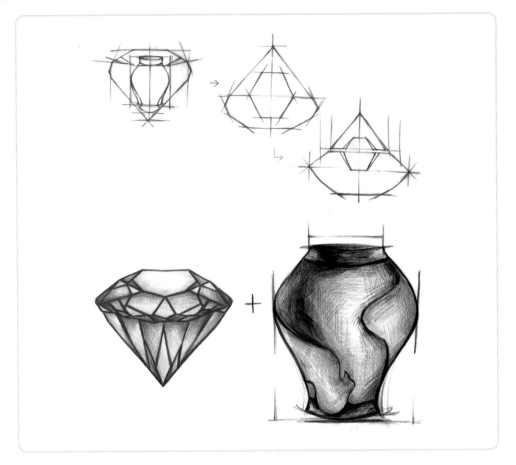

로고나 심벌 마크는 기업이나 단체, 행사의 상징이며 그들의 행동 및 사상을 함축하고 방향을 제시해 주는 힘을 가져야 한다.

② 자유 연상

흙, 예술품, 장인 정신, 고귀함, 축제, 아름다움, 우리의 전통, 특별함, 보물, 보석 등

③ 콘셉트

㉠ 도자라는 예술품의 고귀함을 나타내고 도자의 본연의 모습도 잃지 않는다.

㉡ 콘셉트와 뜻을 같이하는 단어나 이미지 중 가장 적절한 것을 골라 시각화한다. (고귀함, 보석 등)

㉢ 진귀한 보석의 아름다움은 찬란하게 빛나는 여러 각도의 각에서 뿜어져 나온다.

㉣ 여러 각도의 각과 도자의 유기적인 곡선을 융합하여 형상화한다.

④ 컬러

백과 청은 우리나라 전통 고유의 색인 오방색 중에서 선택하고, 백색의 숭고함과 청색의 푸르름을 더해 우리 도자의 밝은 미래를 축원하는 의미를 담고 있다.

## (2) 2007년 우리 옷에 담긴 아름다운 발자취 북 커버 상징 마크

이 심벌마크는 2007년도 시험 문제였던 우리 옷에 담긴 아름다운 발자취라는 북 커버를 상징하는 마크로 제작된 것이다.

### ① 제작 과정

로고나 심벌마크는 기업이나 단체, 행사의 상징이며 그들의 행동 및 사상을 함축하고 방향을 제시해 주는 힘을 가져야 한다.

### ② 자유 연상
자연, 전통적인 꽃, 고귀함, 아름다움, 우리의 전통, 특별함 등

### ③ 콘셉트
ㄱ 우리의 전통미를 알리기 위한 것으로 대표적인 꽃, 연꽃을 모티브로 하여 로고를 제작하였다.

ㄴ 콘셉트와 뜻을 같이하는 단어나 이미지 중 가장 적절한 것을 골라 시각화한다. (전통적인 꽃, 자연, 특별함 등)

### ④ 컬러
연꽃을 상징하는 대표적인 색인 vivid RP을 강조색으로 하여 단순화하였다.

## (3) 2007년 어린이 종합 비타민 탑키즈 라벨 디자인 상징 마크

이 심벌마크는 2007년 어린이 종합 비타민제 탑키즈 이름의 라벨 디자인을 상징하는 마크로 제작된 것이다.

① 제작 과정

로고나 심벌 마크는 기업이나 단체, 행사의 상징이며 그들의 행동 및 사상을 함축하고 방향을 제시해 주는 힘을 가져야 한다.

② **자유 연상**

비타민C, 비타민E, 과일, 야채, 상큼함, 단맛, 신맛 등

③ **콘셉트**

㉠ 비타민 성분이 들어 있는 대표적인 과일 중 비타민C가 풍부하며, 신맛·단맛이 있는 사과의 이미지를 나타내었다.

㉡ 콘셉트와 뜻을 같이하는 단어나 이미지 중 가장 적절한 것을 골라 시각화한다. (비타민, 과일, 상큼함, 단맛, 신맛 등)

④ **컬러**

사과를 상징하는 대표적인 색인 vivid R와 vivid G을 강조색으로 하여 단순화하였다.

## (4) 2005년 대전 과학 도시 홍보 캐릭터

이 캐릭터는 2005년도 시험 문제였던 대전 과학 도시를 홍보하고자 제작된 캐릭터이다.

① 제작 과정

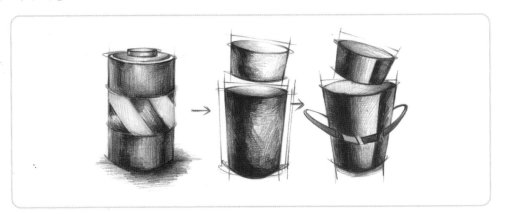

캐릭터는 주제의 특징을 잘 살려 개성을 부여하고, 생명력이 있어야 한다. 기업이나 행사 등 대상을 잘 알릴 수 있으며, 대중에게 호감을 살 수 있는 친근한 이미지를 지녀야 한다.

② **자유 연상**

첨단 기술력, 과학, 전자 제품, 교육 문화의 중심지, 협력, 발전 등

③ **콘셉트**

㉠ 깔끔하면서도 친근한 이미지의 캐릭터, 에너지가 느껴지는 캐릭터를 만든다.

㉡ 콘셉트와 뜻을 같이하는 단어나 이미지 중 가장 적절한 것을 골라 시각화한다. (전자 제품, 협력 등)

㉢ 과학 기술의 상징인 전자 제품의 이미지 중 모든 동력의 원천인 배터리(충전지)의 이미지를 극대화시키고 반도체의 이미지와 믹스해서 나타낸다.

㉣ 친근한 표현을 위해 원형으로 나타내고, 캐릭터 주변의 고리는 세계 과학 도시들의 협력과 고른 발전을 상징하는 화합의 표시로 나타낸다.

④ **컬러**

이지적인 이미지의 블루와 아직 개발되지 않은 미개척 분야의 과학 연구 기술을 신비한 느낌의 퍼플을 써서 나타낸다.

# 서울 디자인 올림픽으로 본
# 디자인 필수 요소 분석

서울 디자인 올림픽의 홍보 포스터를 제작하기 전 아이디어를 연상할 수 있는 단어들이나 이미지(서울, 대한민국, 디자인, 올림픽, 화합, 월계관, 창조, 심미성, 한강, 한복, 전통 문양, 평화 등)를 생각해본다.

## (1) 콘셉트

디자인 올림픽의 홍보 포스터이니만큼 세련되고 심플함을 강조한다. 서울을 디자인적인 공간으로 재해석하며 '창의적인 디자인이 대중들의 삶 또한 감각적이고 편리하게 바꿀 수 있다'라는 취지를 가지고 열리는 공모전의 포스터답게 서울의 전통적인 문화와 이미지를 현대적인 감각으로 단순화시켜 표현하고자 한다.

## (2) 레이아웃

감각적인 비율의 세로선을 뼈대로 삼아 심플함을 강조한다.

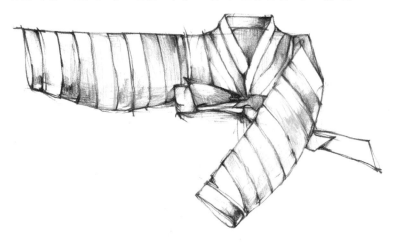

➲ 전통적인 한복의 색감과 반복적인 패턴에서 포인트를 얻는다.

➲ 색동 저고리, 한복의 이미지를 재해석해서 포스터의 뒷배경으로 나타낸다.

### (3) 카 피

'서울이 디자인이다'라는 슬로건을 내세워 서울의 어느 부분도 디자인이 적용될 수 있음을 강조하고 참여를 장려한다.

### (4) 색 상

① 오방색 및 한복의 색동저고리에서 많이 볼 수 있는(R, B, G, Y) 컬러 등을 주조 컬러로 잡아 반복적으로 나타낸다.

② 여백을 흰색으로 처리하여 세로의 컬러풀한 선이 더 돋보이도록 처리한다.

### (5) 로 고

① 올림픽의 대표적인 상징인 월계관과 서울의 한강을 단순화시켜 심벌마크로 나타낸다.

② 여기서 한강의 이미지는 우리나라 국기의 이미지도 나타낸다.

③ 올림픽과 서울의 대표적인 이미지 혼류를 통해 디자인 서울 올림픽의 이미지를 부각시킨다.

● 올림픽의 상징인 월계관과 서울의 상징인 한강의 혼류를 통해 서울 디자인 올림픽의 로고를 나타낸다.

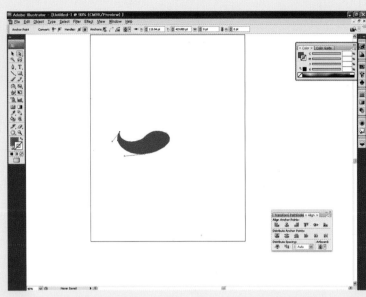

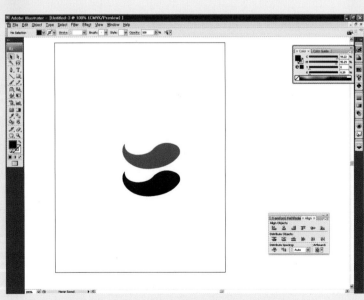

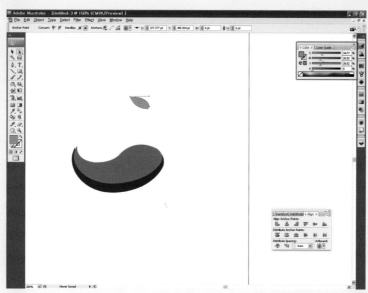

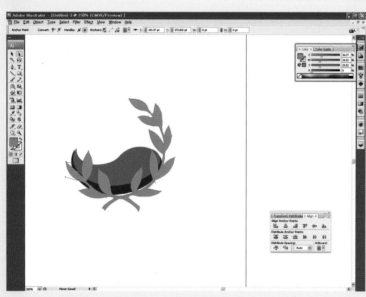

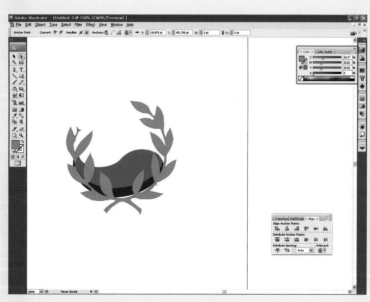

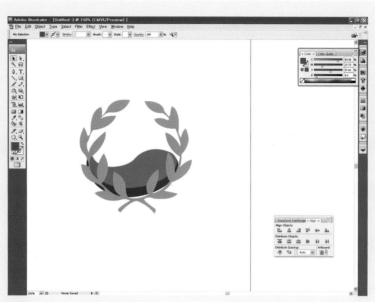

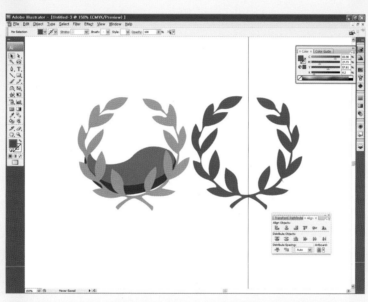

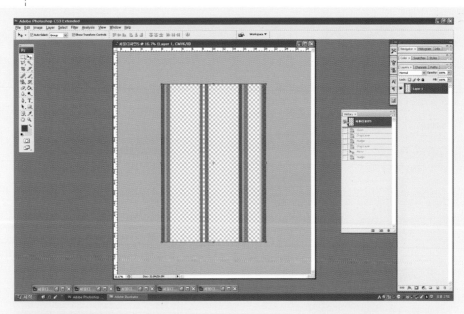

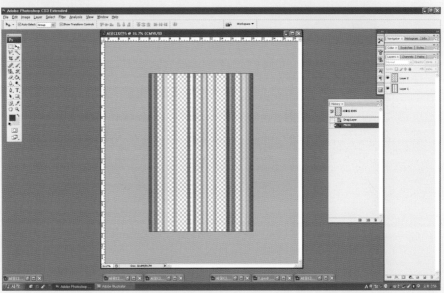

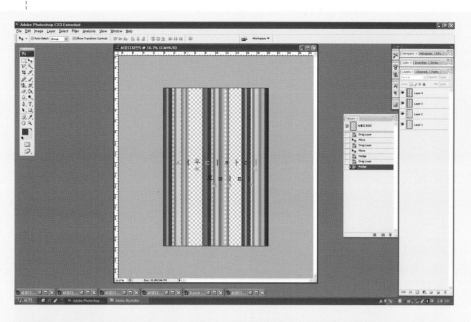

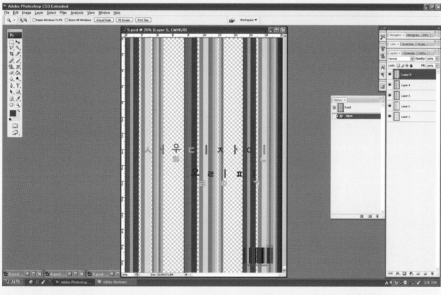

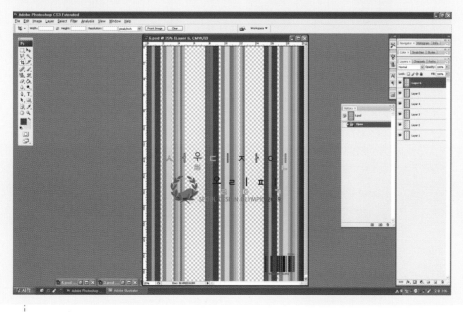

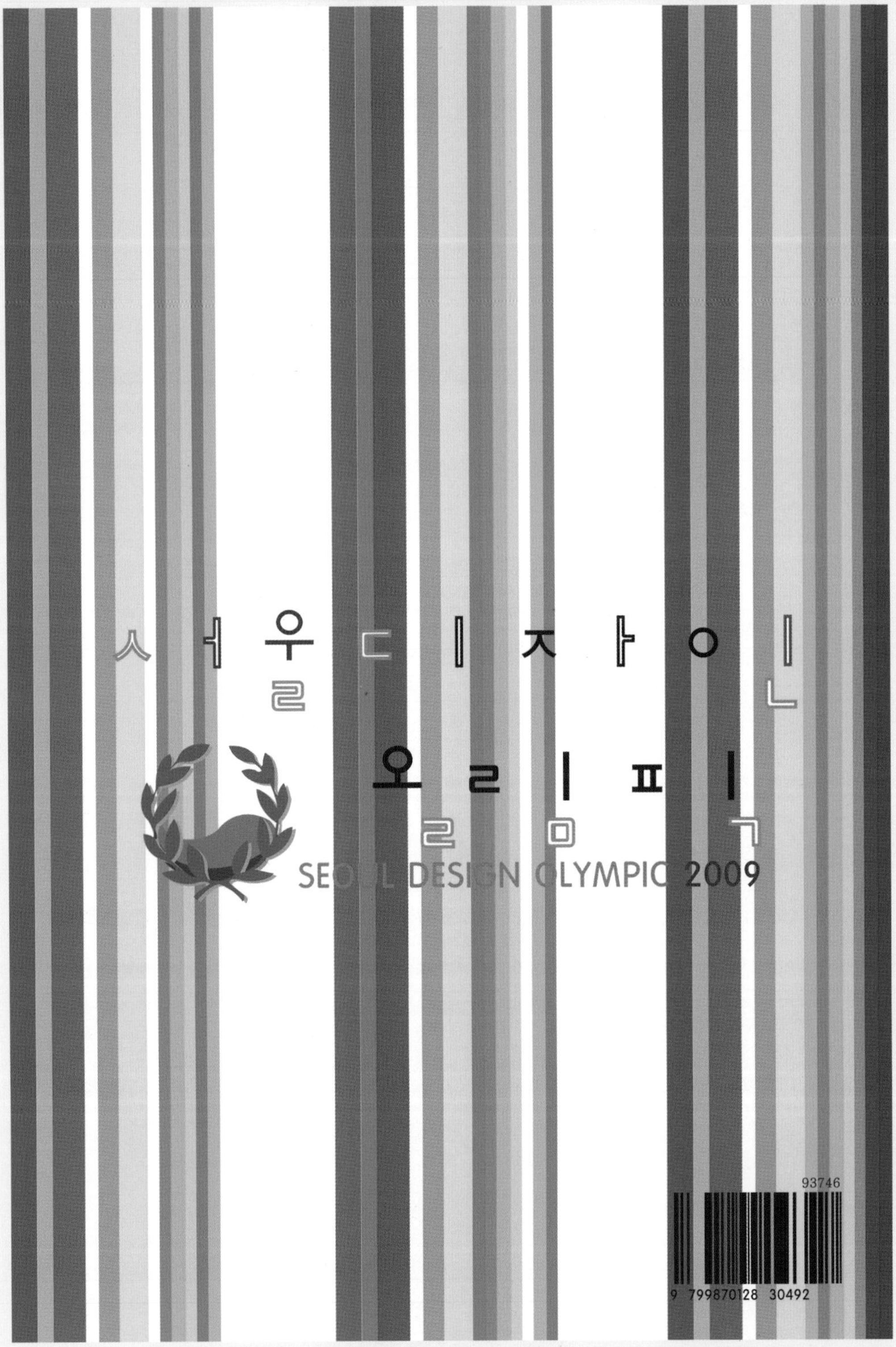

서울디자인
올림픽
SEOUL DESIGN OLYMPIC 2009

93746

9 799870128 30492

# Section 06 | 시각 디자인 분야 및 준입체 분야

## 01 | 시각 전달 디자인(visual communication design)

눈으로 볼 수 있는 시각적 기호를 매체로 한 정보 전달을 목적으로 인간의 의사를 시각적으로 전달하는 기능을 한다.
시각 커뮤니케이션의 4대 매체는 다음과 같다.

### (1) 포스터 디자인

포스터(poster)는 전달할 내용을 일정의 지면 등에 한눈에 알 수 있도록 표현하는 광고(advertising), 선전(propaganda) 매체이다.

### ① 문화 행사 포스터

연극, 영화, 음악회, 전람회, 박람회 등의 기능을 지닌 포스터이다. 즉, 모든 행사의 정보를 알리기 위해 제작되는 포스터이다. 행사 포스터는 그 포스터가 관객의 흐름을 유도하며 관객에게 행사의 일정을 알리는 제 목적이 있다.

ㄱ 문화, 예술 포스터 : 영화, 음악, 연극, 무용, 전시회, 박람회 포스터
(문화 행사 포스터는 제목 외에 출연자, 일시, 장소, 요금 등 최소한의 자료를 한눈에 내용을 이해할 수 있도록 제작되어야 한다.)

ㄴ 스포츠 포스터 : 각종 스포츠 경기, 올림픽, 월드컵 포스터

ㄷ 포스터의 응시성은 몇 초 안에 보는 사람으로 하여금 내용을 한눈에 알 수 있게 디자인해야 한다.

➔ 문화 예술 포스터–우금치(참고문헌 : 시각 커뮤니케이션 디자인)

② 상품 광고 포스터

소비자와 상품과의 연결 수단으로 다양한 내용과 정보 전달 매체로서의 기능 때문에 구매 의욕을 일으키게 함과 동시에 판매를 촉진시키는 요소로 사용된다.

㉠ 상품 포스터 : 식품, 화장품, 패션, 의류, 보석, 가전, 아파트, 출판 포스터

㉡ 기업 PR 포스터 : 서비스, 홍보 포스터

➲ 한남대학교 홍보 포스터(기업 PR 포스터)

③ 관광 포스터

관광객들로 하여금 관광 동기와 욕구를 유발시켜 관광 행위를 하도록 유도하는 시각 광고 매체이다. 기능은 크게 세 가지로서 설득 기능, 반복 기능, 창조 기능으로 분류된다.

㉠ 관광 포스터 : 교통 기관, 관광지 홍보, 여행사 포스터, 항공사 포스터

유명 관광지 소개 및 지역 특성에 따른 축제 안내 등을 목적으로 하여 지역의 풍물, 상품 소개 등을 목적으로 안내 고지 내용을 담는다. 자연미와 전통미를 부각시키는 포스터를 범국가적인 차원에서 많이 등장시키고 있다.

➲ 강수지, 학생작

④ 공공 캠페인 포스터

공공 캠페인 포스터는 이른바 계몽(social poster)을 의미한다. 각종 사회 캠페인 매체로서의 기능을 수행한다.(사회 계몽(Social) 포스터는 직접적인 감정에 의한 행동을 이끌어내기도 하지만, 시각적인 이미지 효과를 얻을 수 있기도 하다.)

㉠ 정치 포스터 : 전쟁, 평화, 정치 포스터

㉡ 경제 포스터 : 저축 · 절약 포스터

㉢ 사회 포스터 : 안전, 예절, 보건 · 복지, 자연 보호 포스터

㉣ 문화 포스터 : 예술 · 문화 포스터

➡ 캠페인 포스터,
나영선 학생작

➡ 강수지 학생작

➡ 자연보호 포스터, 정은경 학생작

⑤ 장식 포스터

㉠ 근대 포스터가 단순한 목적의 공고물 포스터 형태였다면 장식 포스터는 대중과의 적극적인 커뮤니케이션을 수행하는 시각 언어라 할 수 있는 예술 포스터이다.

㉡ 문자나 이미지를 통해 읽고 이해하도록 하는 전달의 방법이 아닌 시각적 자극을 통한 인간의 공통 심리에 연결되는, 인간의 추상적 요구에 대한 반응으로 보는 그대로를 구하는 것으로 볼 수 있다.

→ 장식 포스터. 강복님 희생작

## (2) 신문 광고 디자인

신문의 내용은 다수인의 흥미를 끌 수 있는 것이어야 하고, 전달 형태는 시간과 공간을 극복할 수 있는 문자를 사용해야 한다. 비교적 구독자나 독자층이 안정되어 있으므로 다른 매체에 비해 광고 내용에 대한 확실한 결과를 보장할 수 있다. 독자가 충분한 시간을 가지며 읽기 때문에 광고 효과가 높다.

### ① 특 성

신문 광고는 전파 광고와 비교가 되지 않을 만큼 상세한 정보와 서비스를 전달하기에 중앙지, 지방지, 각 지역마다의 지역지, 경제지, 스포츠지 등으로 특정 독자층을 가지고 있으므로 예측하여 광고를 할 수 있는 장점이 있다.

신문 광고의 매체로서의 특성은 크게 3가지로 나뉜다.

㉠ 신뢰성
㉡ 안전성
㉢ 편의성

→ 해외 신문

② 구성 요소

　　㉠ 일러스트레이션이나 사진, 광고 내용을 함축한 헤드라인(headline)

　　㉡ 부제목의 서브 헤드라인(sub headline)

　　㉢ 본문의 보디카피(body copy)

　　㉣ 사진 설명인 캡션(caption)

　　㉤ 회사 및 상품의 로고타이프(logotype)

　　㉥ 슬로건(slogan)

　　㉦ 보더라인(border line)

## (3) 잡지 광고 디자인

잡지는 본질적으로 신문과 유사한 매체의 하나로 특정한 제목을 가지고 일정한 간격으로 장기간에 간행되는 출판물이다. 일반적으로 잡지는 주간 이상의 발행 간격을 갖는 서적 형태의 정기 간행물이라고 정의한다.

### ① 잡지의 종류

잡지는 발행되는 빈도에 따라 주간, 격주간, 월간, 격월간, 계간, 연간 등으로 나뉜다. 몇 번이고 반복해서 읽을 수 있고 보존이 가능하므로 반영구적 정보를 확인할 수 있다. 그리고 독자 집단의 속성에 따라 일반 잡지, 특정한 계층 잡지, 여성 잡지 등으로 분류된다. 또한 잡지의 내용에 따라 종합 잡지, 오락 잡지, 전문지로 분류된다.

### ② 잡지 광고의 특성

　㉠ 특정한 독자층을 갖기 때문에 상품에 따라 소비 대상이 구독하는 잡지를 조사하여 광고를 낸다면 더욱 효과적일 것이다.

　㉡ 매체로서의 생명이 길며, 반복률과 보존율이 좋으므로 광고의 생명이 비교적 길고, 계속 연재함으로써 효과는 더욱 증대된다.

　㉢ 회람률이 높기 때문에 몇 배의 독자를 가질 수 있다.

　㉣ 잡지는 정기 구독자가 많으므로 애독 잡지에 대한 특별한 애정을 느낄 수 있다.

　㉤ 잡지는 대개 양질의 종이에 인쇄되므로, 화장품, 가구, 섬유, 보석류 등 선명한 색채가 필요한 것일수록 효과를 얻을 수 있으며, 별도의 인쇄물을 삽입할 수 있어, 독자가 첨부된 엽서에 자신의 의견을 적어 보내는 쌍방향성 의사소통을 가질 수 있다.

➜ 잡지 광고(양면)

## (4) 일러스트레이션

일러스트레이션(illustration)은 주로 신문, 잡지, 광고물, TV, 영화, 만화 등의 대중 매체를 통해 복제되어 전달된다. 일러스트레이션이 처음 출판 분야에 사용될 때는 문장이나 여백을 보조하는 단순하고 장식적인 요소로 여겨졌으며, 의도된 목적이나 개념은 들어 있지 않았다. 하지만 지금은 가장 효과적이며 장시간 기억이 되는 매체 중 하나이다.

휴머니티(humanity), 유머(humor), 환상 그리고 비일상성 등의 시각적 매력과 흥미가 밀도 있게 표현되어야 한다.

→ 일러스트레이션. 권주희 학생작

## 02 | 편집 디자인

### (1) 캘린더 디자인

쓰임이나 목적에 따라 다양한 형태로 제작되며, 기능적인 면과 함께 장식적인 면이 뛰어나야 하는데, 비교적 단순한 구성 요소로 이루어지고 그림이나 사진은 계절 감각을 표현하는 것이 바람직하며, 숫자나 문자, 기능을 고려하는 면과 기업의 입장에서는 광고 홍보 매체로 활용할 수 있는 판촉물의 기능을 동시에 가지고 있다.

① 구성 요소

캘린더는 비교적 단순한 구성 요소로 이루어지는데, 그림이나 사진은 계절 감각을 표현하는 것이 바람직하며, 숫자나 문자는 기능성을 고려하여 판독성이 뛰어나야 한다.

② 내용적 요소

캘린더의 생명은 기획, 제작에 의해 좌우되며 최종적으로 아이디어를 창출하기 위해, 다음과 같은 내용을 염두에 두고 조사되어야 한다.

㉠ 배포 대상 설정 : 성별, 연령별, 기호별 등
㉡ 용도별 선정 : 탁상용, 벽걸이용, 휴대용, 프로모션용, 만년캘린더
㉢ 아이디어 창출 : 기업 이미지, 제품 이미지, 마케팅 방향 등을 제시
㉣ 소비자의 욕구 분석 : 기능성, 디자인, 레터링, 일러스트레이션, 타이포그래피, 레이아웃 등과 매수를 조사·분석

→ 캘린더, 조현호 학생작

### (2) 타이포그래피

① 타이포그래피란 글씨의 활자 혹은 활판에 의한 인쇄술을 가리켜 왔지만 오늘날에는 주로 글자를 구성하는 디자인으로서, 문자 구성 기술 또는 활판 인쇄술이라 한다.
② 글자체, 글자 크기, 글자 사이, 글줄 사이, 판형의 크기, 인쇄 면적, 여백 등을 전체적으로 읽기에 편하도록 구성하는 것을 말한다.

➔ 이정화 학생작

③ 글자체의 종류

타이포그래피 디자인에 있어서 디자이너는 내용에 적합한 서체를 선택하여 다른 디자인 요소와 조화를 이룰 수 있는 시각적 구성이 요구된다.

㉠ 명조체

타이포그래피란 글씨의 활자 혹은 활판에 의한 인쇄술을 가르켜 왔지만 오늘날에는 주로 글자를 구성하는 디자인로서 문자 구성 기술 또는 활판 인쇄술이라 한다.

㉡ 고딕체

타이포그래피란 글씨의 활자 혹은 활판에 의한 인쇄술을 가르켜 왔지만 오늘날에는 주로 글자를 구성하는 디자인로서 문자 구성 기술 또는 활판 인쇄술이라 한다.

㉢ 궁서체

타이포그래피란 글씨의 활자 혹은 활판에 의한 인쇄술을 가르켜 왔지만 오늘날에는 주로 글자를 구성하는 디자인로서 문자 구성 기술 또는 활판 인쇄술이라 한다.

㉣ 굴림

타이포그래피란 글씨의 활자 혹은 활판에 의한 인쇄술을 가르켜 왔지만 오늘날에는 주로 글자를 구성하는 디자인로서 문자 구성 기술 또는 활판 인쇄술이라 한다.

㉤ 명조체

ABCDEFGHIJKLMNOPQRXTUVWXZY
abcdefghijklmnopqrxtuvwxzy

㉥ 고딕체

ABCDEFGHIJKLMNOPQRXTUVWXZY
abcdefghijklmnopqrxtuvwxzy

㉦ 궁서체

ABCDEFGHIJKLMNOPQRXTUVWXZY
abcdefghijklmnopqrxtuvwxzy

㉧ 굴림

ABCDEFGHIJKLMNOPQRXTUVWXZY
abcdefghijklmnopqrxtuvwxzy

## (4) 다이렉트 메일 디자인

신문, 잡지, 라디오, TV를 매체로 하는 대량 공격적인 광고와는 달리 다이렉트 메일 (Direct Mail ; DM)은 광고물을 특정한 개인이나 단체의 소비자에게 우편 및 인터넷을 통해 직접 우송하는 것이다.

① 종 류

㉠ 엽서(card) : 보통 엽서와 왕복 엽서, 관제엽서와 일반 엽서가 있으며, 이벤트 광고나 초대, 전시회 안내 등이나 광고물을 따로 제작할 시간이 없을 경우 많이 사용된다. 간단한 사진이나 일러스트레이션, 짧은 문안에 적합한 광고로 이용된다.

➋ 엽서

ⓛ 소책자(booklet) : 소책자는 카탈로그, 브로슈어, 사보(소비자 교육용), 리플릿 등
으로 분류할 수 있다.

• 카탈로그 : 일종의 상품 견본집 또는 영업 안내를 책 모양으로 만든 것이며, 상
품을 그림이나 사진을 넣어 각 상품마다 품질, 성능, 가격, 번호 등 필요한 내
용을 실어 상품을 설명하고 상품 선택을 쉽게 하기 위한 광고물 책자이다.

➜ 카탈로그-동양산기

• 브로슈어 : 기업의 이미지를 홍보하기 위하여 기업의 이념, 현황, 계획 등 기업
소개와 제품 소개 등을 수록한 책자이다.

➜ 고려 공예      ➜ 과학기술연합대학원      ➜ 대한불교 진각종

➜ 초대장 & 카드

• 사보 : 사보는 장기적 시점에서 예상 고객으로부터 호의를 형성하기 위한 책자
이다.

➜ 용문종합사회복지관

- 리플릿(leaflet) : 복잡한 제품 설명이 필요하지 않은 경우 사용되는 책자이며, 포장 상자, 제품 등에 넣어 사용하거나 종이를 접지 않고 한 장으로 사용되는 경우도 있고, 둘로 접는 것도 있다.

## (5) CI

### 1) CI의 특징

① 커뮤니케이션의 효과로서 기업의 환경을 구성하는 모든 물체에 CI의 부여로 대중에게 전달하는 커뮤니케이션 기능이 증대되며, 기업에 대해 사람들이 가지는 총체적 인상이나 평판을 나타내는 효과이다.

② CI의 실시에 따라 기업 활동을 마케팅 전략상 또는 구인 전략상 유리하게 이끌 수 있으며 공동 작동력 효과를 얻을 수 있다.

③ 개성 있는 CI의 형성으로 일반 대중에게 기업을 기억하게 하는 효과를 가짐과 동시에 타 기업과의 식별을 명확하게 해 주는 차별성을 얻을 수 있다.

### 2) CI의 구성 요소

① 심벌마크

기업의 대표적인 시각적 형상물로서 기업의 아이덴티티를 상징적으로 반영하고, 기업의 이미지를 긍정적으로 형성하는 효과가 있다.

② 심벌(symbol)

쉽게 단순화한 그래픽 형태로 형태나 소리, 몸짓 등을 포함한다.

㉠ 문자 심벌 : 언어를 포함한 문자 구성 표현이다.

㉡ 기호 심벌 : 문자 심벌보다 단순하고 직접적인 구성 표현이다.

➜ 대한민국 대표 기업 LG의 심벌마크
(원안에 L과 G를 넣어 사람의 얼굴로 상징화해 나타냄)

➜ 애플 컴퓨터 회사의 심벌마크(한 입 베어 먹은 사과)

➔ 세계적인 보험 금융 회사인 푸르덴셜의 심벌마크(바위산)

③ 로고

심벌마크(기호), 전용 색상(색채)과 함께 쓰이는 상호를 디자인한 특정한 문자로서 심벌마크와 마찬가지로 CI에 있어 중요한 몫을 담당한다. 대중성, 심미성, 상징성, 통일성, 가독성을 고려하여 제작되어야 한다.

㉠ 로고의 제작 요소

- 대중성 : 소비자의 성향과 기호에 맞아야 한다.
- 심미성 : 미적 · 디자인적 아름다움이 있어야 한다.
- 상징성 : 기업 이미지가 연상될 수 있어야 한다.
- 통일성 : 전체적으로 형태와 색채가 연결되는 디자인이어야 한다.
- 가독성 : 복잡하지 않는 형태로서 한눈에 알아볼 수 있어야 한다.

㉡ 로고의 조건

- 제품이 지니는 이미지를 쉽게 전할 수 있다.
- 인상 깊고 기억에 남아야 하며 한눈에 알아볼 수 있어야 한다.
- 모든 매체에 이용할 수 있어야 한다.
- 대중에게 호감을 줄 수 있는 대중성을 가지고 있어야 한다.

㉢ 로고의 종류 : BI(브랜드 네이밍), EI(행사 네이밍)

➔ 그린악기사

➔ 한의원

➔ 그린월드 친환경 사업

➔ 우금티 미술관

➔ 디자인 모인

④ 캐릭터
　　㉠ 심벌마크, 로고, 전용 색상, 전용 서체, 마스코트 등의 디자인이 주된 시각물을
　　　더욱 더 효과적으로 사용하기 위한 시각적인 특정 요소서, 대중의 시각적 심리와
　　　조형 감각을 고려하여 친근감과 독창성은 물론 심미성이 나타나야 한다. 심벌이
　　　상징적이고 추상적인 데에서 오는 부족한 점을 보완하기 위해 보다 구체적이고
　　　친근하게 제작되는 요소이다.
　　㉡ 캐릭터의 종류
　　　• 행사 캐릭터 : 월드컵, 올림픽이나 엑스포, 놀이 동산 등에서 사용되는 캐릭터
　　　• 상품 캐릭터 : 기업에서 만든 문구, 팬시, 사탕·제과 등에 사용되는 캐릭터
　　　• 만화 캐릭터 : 피카츄, 스누피, 심슨, 둘리, 케로로, 스머프, 톰과 제리 등에 사
　　　　용되는 캐릭터
　　　• 기업 캐릭터 : 기업 이미지를 적용시킨 기업의 이윤 창출을 위한 캐릭터
　　　• 프로모션 캐릭터 : 대중에게 잘 알려진 사람, 선거용, 지방자치단체 홍보용 캐릭터

➔ 어린이 만화의 캐릭터(케로로)

➔ 안동시 홍보 캐릭터(고장의 특징을 잘 살려낸 선비 캐릭터)

➔ 인천광역시 교육청의 홍보 캐릭터

## (6) 다이어그램 디자인

다이어그램은 단순한 점이나 선 기호를 사용하여 어떤 현상의 상호관계나 과정, 구조 등을 도해하거나, 사물의 대체적인 형태와 여러 부분의 관계를 쉽게 이해할 수 있도록 관념적 내용을 도식화한 형으로 그래픽적으로 바꾸어 놓은 것을 다이어그램이라 한다.

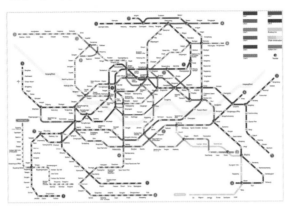

➔ 서울지하철 노선 안내를 위한 다이어그램

## (7) 그래픽 심벌

그래픽 심벌은 시각 심벌(visulal symbol)이라고 하는데 인간이 서로의 의사 전달을 가장 정확하고 빠르게 할 수 있는 수단이다. 누구나 쉽게 이해할 수 있으며, 그 의미와 내용을 논리적으로 이해시키는 것보다 직감적으로 인식시킬 수 있도록 해야 한다.

① 기능
　㉠ 안내의 기능 : 박람회나 올림픽 등의 행사에 사용되는 각종 심벌과 안내 표지가 해당되며, 일반 대중이 쉽게 이해할 수 있도록 알리는 기능을 말한다.
　㉡ 명령의 기능 : 행위 유도의 기능이라고도 할 수 있으며, 도로 표지의 일부와 금연 표지 등이 이에 해당된다.
② 조건
　㉠ 대중적이고 사용하기에 편리하여야 한다.
　㉡ 한눈에 쉽게 알 수 있어야 한다.
　㉢ 의미가 쉽게 통해야 하며, 보는 사람으로 하여금 그것이 무엇인지를 금방 인지할 수 있게 인지성이 있어야 한다.
　㉣ 구성이 간결하고 명료해야 한다.
　㉤ 세련된 디자인으로 심미성이 강조되어야 한다.
　㉥ 보는 사람으로 하여금 그것에 따라 행동하도록 지시성이 있어야 한다.

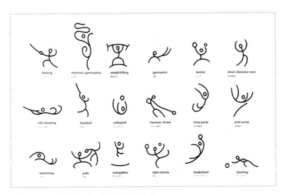

➔ 2002년 동계 올림픽 심벌

③ 픽토그램

　　㉠ 상징이나 비유적 방법을 동원한 표현으로, 포스터, 광고, 일러스트레이션, 심벌 마크 등이 대표적이다.

　　㉡ 지도, 도표, 픽토그램(pictogram) 등과 같이 단순한 도형으로 표현되는 것이다.

　　㉢ 건물 내부와 외부에 부착되는 화장실, 엘리베이터, 비상구 등과 공원이나 운동 경기장, 공항 등에서 흔히 볼 수 있는 여러 가지 sign을 말한다.

➔ 2002년 동계올림픽 픽토그램

➔ 밴쿠버 올림픽 픽토그램

## (1) 포장 디자인

포장은 물품의 상품 가치를 높임과 동시에 그것을 보호하기 위하여 적절한 재료, 용기 등에 덧붙이는 상태를 말한다.

### ① 형태별 분류

㉠ 단위 포장 : 습기 광열 및 충격 등을 방지하기 위하여 적합한 용기나 재료 및 용기로 물품을 가공하는 방법 및 시공 상태를 말한다.

㉡ 내부 포장 : 습기 광열 및 충격 등을 방지하기 위하여 적합한 용기나 재료 등을 사용한 포장 상태를 말한다.

㉢ 외부 포장 : 상품의 외부 포장을 가리키는 것으로 물품을 상자, 자루, 나무통, 깡통, 플라스틱, 비닐, 폴리에틸렌 등의 용기에 넣거나 또는 기타 재료를 써서 결속시킨 후 기허, 상표명, 구성비, 라벨 등을 표시하는 포장이다.

### ② 기능

㉠ 상품성 : 포장의 상품성은 구조적 특징에서 각종 재료를 사용하여 상품을 포장하는 방법으로서 소비자에게 시각적 유도를 하는 방법과 브랜드 네임, 일러스트레이션, 타이포그래피 등의 배치, 색채 효과를 통해 구매 의욕을 상승시켜야 한다.

㉡ 편리성 : 포장이 되어 수송 기관을 통해 유통되는 상품은 소비자나 판매점원에게 취급 사용상의 편리를 제공해 주어야 하며 상품의 운반, 보관, 배달 시에 작업이

용이하게 이루어질 수 있도록 하여야 한다.

ⓒ 보호와 보존성 : 내용물의 보호는 포장이 해야 할 가장 중요한 역할이며 상품의 유통 과정이나 보관 과정에서 상품이 받는 여러 가지 장해로부터 내용물을 보호하는 데에 포장의 주된 목적이 있다. 격동 충격, 낙하 충격, 물(습도), 온도, 해충, 광선 및 고주파, 가스 등으로부터 보호를 받아야 하므로 포장의 수명은 제품의 수명보다 길어야 한다.

## (2) 포장 방법별 분류

① 구조 디자인(structural design)

구조 디자인은 제품의 보호성, 사용상의 편리성, 재사용 가능성 등이다.

② 표면 디자인(surface design)

상품 판매에 있어서 소비자가 각 상품에 대해서 가지는 이미지를 확실하게 파악하여 구매 의욕을 유발할 수 있는 색채 계획과 포장 소재, 레이아웃의 디자인이 중요하다.

➔ 남양유업 '맛있는 우유 GT'의 패키지 디자인

③ 라벨(label)

상품명 및 상품에 관한 여러 사항을 표시한 종이로 상품 용기나 포장물 등에 붙일 목적으로 만들어진다. 라벨 표시의 중심은 상품명과 상표인데 상품에 관해 올바르게 알 권리를 주장하는 소비자의 요구에 따라 내용, 품질, 성분, 규격, 용량, 제조 연월일 및 판매원 사용 방법 등이 기재되어야 한다.

➔ 생기한의원 라벨

㉠ 소비에 대한 요소
  • 기능성(개봉, 보관 등 사용하기에 편리한 것)
  • 상품 만족성
  • 기억성(재구매 시 다시 찾을 수 있도록 기억하는 것)

ⓛ 상점에 대한 요소
- 시각 효과 증진
- 커뮤니케이션의 효율성
- 상품의 장점 부각
- 소비자의 구매 의욕 상승
- 상품의 보호성

## (3) 옥외 광고 디자인

① 옥외에 표출되는 광고라는 뜻인데, 항상 또는 일정 기간 동안 벽, 판자와 같이 고정된 것, 또는 포스터 등의 매체를 이용하여 상품이나 용역의 내용을 표시하는 광고를 말한다.

② 종류

ⓐ 포스터 : 이 광고물은 용도나 그 밖의 형편에 따라 여러 가지 크기로 제작된다. 포스터 게시에 대하여는 도시 미관의 관점에서 일정한 장소에 붙이도록 규제하고 있다.

ⓑ 간판의 종류
- 옥상 간판 : 건물의 옥상 위에 상점명이나 취급 상품을 표시하는 것을 가리킨다.
- 점두 간판 : 상점의 입구에 설치한 간판으로서 처마 끝에 다는 평간판, 세로로 다는 수간판, 돌출된 돌출 간판, 점두에 설치되는 스탠드 디스플레이 등이 있다.
- 입간판 : 주로 점두 또는 옥외에 세워서 설치하는 간판을 말한다.
- 전주 간판 : 전주에 직접 광고를 기재하는 것과 돌출 간판과 같이 전주에 내다는 것이 있다.
- 야외 간판 : 야외 도로변의 산기슭이나 논밭에 세운 간판을 가리킨다.

ⓒ 광고탑
ⓓ 벽면 광고
ⓔ 광고 자동차
ⓕ 네온사인
ⓖ 애드벌룬
ⓗ 스카이 라이팅
ⓘ 공중 투영기

➔ 야외 간판

## (4) POP 광고 디자인

구매 시점 광고를 의미하는 POP(Point of Purchase)는 상품이 판매되는 현장에서 직접 설치되는 광고물을 말한다. 상점 또는 그 주위에서 볼 수 있는 광고의 형태로서 일반적으로 제조업자가 이 광고물을 준비하여 상점에 제공한다.

### ① POP 광고의 기능

POP 광고의 기능은 판매점과 구매자 사이에서 판매점에 있어서는 판매 지원을 함과 아울러 구매자에게는 광고 효과를 보완하여 직접 구매 행동을 유발시키는 것이다.

㉠ 소매점, 상점

㉡ 소비자

㉢ 메이커 상품으로서 구성되는 것이지만 POP 광고 전략에서 가장 중점을 두어야 할 대상은 소비자이다. 따라서 소비자가 원하는 바를 정확히 알아낸 후에 이를 충족시킬 수 있는 서비스를 수행해야 한다.

### ② 설치 장소별 분류

㉠ 점두 : 깃발, 현수막, 휘장, 스탠드 등

㉡ 천장 : 행거, 모빌, 깃발 등 천장에 부착하여 늘어뜨려 사용한다.

㉢ 판매 대열 진열 : 종류가 가장 많고 다양한 POP로 견본 진열대, 샘플 케이스 등을 예로 들 수 있으며 비교적 소형이 많다.

➔ POP 광고

## (5) 배너 광고 디자인

홍보용 현수막을 가리키는 말로, 현수막은 TV, 라디오, 신문, 잡지 등과는 다른 옥외 광고의 한 유형이며 실내에도 많이 사용된다. 여러 효과를 창출하기 위한 사용 방법으로 전면으로 사용된다.

### ① 특징

㉠ 광고 문구가 간단명료하여 한눈에 알기 쉽다.

㉡ 설치 시 해체가 용이하다.

㉢ 특정 지역을 정하여 집중적으로 광고 효과를 낼 수 있다.

㉣ 단시간 내에 지속적인 효과를 볼 수 있다.

㉤ 장소에 구애받지 않는다.

● 행사용 배너

## (6) 슈퍼 그래픽

건물의 표면이나 공간의 느낌을 효과적으로 변화시켜 주는 작업이다. 집의 방이나 벽
또는 건축 현장의 담, 아파트, 학교나 교회 등의 공공건물에까지 확산되면서 종래의 그
래픽과는 개념을 달리한 환경 디자인으로서 최근 공공 디자인의 의미를 갖는다고 할 수
있다.

# 07 컴퓨터 이용

## 01 | 일러스트

### (1) 일러스트레이터의 전체 화면

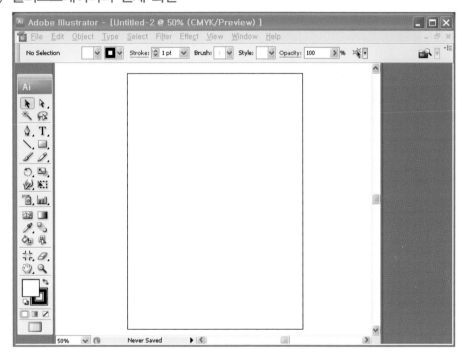

① 제목 표시줄

현재 작업 중인 프로그램 이름과 파일 이름, 화면 비율, 색상 모드가 나타난다.

② 메뉴 표시줄

기능별로 구분한 메뉴를 클릭하면 하위 메뉴가 나타난다.

File  Edit  Object  Type  Select  Filter  Effect  View  Window  Help

③ 컨트롤 팔레트

작업 상황에 맞는 패널이 자동으로 나타난다.

No Selection        Stroke:  1 pt   Brush:    Style:    Opacity:  100    %

④ 툴 박스

여러 가지 기능이 있는 도구들을 모아 놓은 상자이다. 각 도구의 오른쪽 아래에 있는 삼각형을 클릭하면 숨어 있는 도구가 나타난다.

⑤ 상태 표시줄

현재 도큐먼트의 작업 상태를 표시한다. 클릭하면 도구의 종류와 날짜, 시간 등을 볼 수 있다.

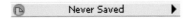

⑥ 스크롤바

스크롤바를 드래그하여 작업 화면의 위치를 이동할 수 있다.

⑦ 화면 조절

작업 창의 크기를 조절하거나 작업을 종료할 때 사용한다.

(2) 툴 박스 정리

① ▶ 선택 툴(selection tool)

오브젝트를 선택할 때 사용하는 툴이다.

② ▶ 직접 선택 툴(direct selection tool)

오브젝트의 일부분을 선택하여 작업할 때 사용하는 툴이다.

③ ✶ 마술봉 툴(magic wand tool)

속성이 비슷한 오브젝트를 선택하는 툴이다.

④ 🪢 올가미 툴(lasso tool)

드래그한 영역을 선택하는 툴이다.

⑤ ✒ 펜 툴(pen tool)

오브젝트를 그릴 때 가장 일반적으로 사용하는 툴이다.

⑥ T, 타입 툴(type tool)

문자를 입력할 때 사용하는 툴이다.

⑦ ✎ 선 툴(line segment tool)

선을 그릴 때 사용하는 툴이다.

⑧ ▢ 도형 툴(rectangle tool)

다양한 다각형을 그릴 때 사용하는 툴이다.

⑨ 🖌 페인트 브러시 툴(paint brush tool)

마우스 또는 태블릿을 이용하여 붓으로 그림을 그리는 것처럼 사용하는 툴이다.

⑩ ✏ 연필 툴(pencil tool)

페인트 브러시 툴과 비슷한 기능으로 연필처럼 자유롭게 오브젝트를 그릴 수 있는
툴이다.

⑪ ↻ 회전 툴(rotate tool)

선택한 오브젝트를 회전할 때 사용하는 툴이다.

⑫ 🔲 스케일 툴(scale tool)

선택한 오브젝트를 마우스로 드래그하거나 수치를 입력하여 크기를 확대·축소할
때 사용하는 툴이다.

⑬ 🖐 왜곡 툴(warp tool)

오브젝트의 형태를 비틀거나 구기면서 왜곡하는 툴이다.

⑭ ▨ 자유 변형 툴(free transform tool)

오브젝트의 형태를 자유롭게 변형할 수 있는 툴이다.

⑮ 🪣 심벌 스프레이 툴(symbol sprayer tool)

(심벌) 패널에서 선택한 심벌을 오브젝트 위에 흩뿌리는 기능을 한다.

⑯ 📊 그래프 툴(column graph tool)

사용자가 입력한 데이터로 그래프를 만들 때 사용하는 툴이다.

⑰ ▨ 메시 툴(mesh tool)

그레이디언트 색상을 더 자연스럽고 다양하게 작업할 수 있게 해 준다.

⑱ ▥ 그레이디언트 툴(gradient tool)

그라데이션 효과를 주는 툴이다.

⑲ 스포이드 툴(eyedropper tool)

오브젝트에 적용된 속성을 추출하여 다른 오브젝트에 그대로 적용할 수 있는 기능이다.

⑳ 블렌드 툴(blend tool)

오브젝트와 오브젝트를 서로 섞어 새로운 형태의 오브젝트를 만드는 툴이다.

㉑ 라이브 페인트 툴(live paint bucket tool)

일러스트레이터 CS3에서 새롭게 제공하는 기능으로, 오브젝트에 색상을 작업할 때 자동으로 간격을 감지하여 그룹화된 영역에 각각 색상을 따로 적용할 수 있다.

㉒ 라이브 페인트 선택 툴(live paint selection tool)

라이브 페인트 기능을 사용할 때 오브젝트를 선택한다.

㉓ 크롭 에어리어 툴(crop area tool)

오브젝트의 재단선을 만들어준다.

㉔ 지우개 툴(eraser tool)

아트워크의 영역을 신속하게 지울 수 있고, 지울 부분의 너비, 셰이프, 매끄러움을 완벽하게 제어할 수 있다.

㉕ 손 툴(hand tool)

화면을 이동할 때 사용하는 툴이다.

㉖ 돋보기 툴(zoom tool)

화면의 비율을 확대하거나 축소한다.

㉗ 색상 모드(fill & stroke)

오브젝트의 면과 선의 색을 지정하거나 교체할 때 사용하는 툴이다.

㉘ 색상 툴(color)

현재 활성화된 색상을 나타낸다.

㉙ 무색 툴(none)

오브젝트의 색을 투명하게 한다.

㉚ 화면 모드 툴(screen mode)

화면 모드를 결정한다.

## (3) 숨겨진 툴 박스 살펴보기

❶ 직접 선택 툴 : 오브젝트를 직접 선택한다.
❷ 그룹 선택 툴 : 그룹으로 만든 오브젝트를 선택한다.

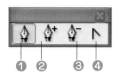

❶ 펜 툴 : 펜을 이용하여 패스를 그린다.
❷ 정점 추가 툴 : 패스에 정점을 추가한다.
❸ 정점 삭제 툴 : 패스에 있는 정점을 삭제한다.
❹ 방향점 변환 툴 : 정점에 연결한 방향선을 조절한다.

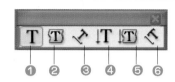

❶ 타입 툴 : 오브젝트에 문자를 입력한다.
❷ 영역 타입 툴 : 오브젝트의 선택한 영역에 문자를 입력한다.
❸ 패스 타입 툴 : 선택한 패스에 따라 문자를 입력한다.
❹ 세로 타입 툴 : 문자를 세로 방향으로 입력한다.
❺ 세로 영역 타입 툴 : 선택한 오브젝트의 영역에 문자를 세로로 입력한다.
❻ 세로 패스 타입 툴 : 선택한 패스에 따라 문자를 세로로 입력한다.

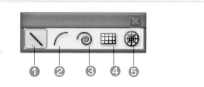

❶ 선 툴 : 선을 그릴 때 사용한다.
❷ 호 툴 : 곡선이나 원을 그릴 때 사용한다.
❸ 나선 툴 : 나선을 그릴 때 사용한다.
❹ 사각 그리드 툴 : 사각형 안에 그리드 선을 그린다.
❺ 원 그리드 툴 : 원 안에 그리드 선을 그린다.

❶ 사각형 툴 : 사각형을 그린다.
❷ 둥근 사각형 툴 : 모서리가 둥근 사각형을 그린다.
❸ 원 툴 : 원을 그린다.
❹ 다각형 툴 : 다각형을 그린다.
❺ 별 툴 : 별형을 그린다.
❻ 플레어 툴 : 빛이 비치는 효과를 준다.

❶ 연필 툴 : 연필 같은 느낌의 선을 그린다.
❷ 스무드 툴 : 선을 부드럽게 처리한다.
❸ 지우개 툴 : 선을 지운다.

❶ 회전 툴 : 오브젝트를 회전한다.
❷ 반사 툴 : 오브젝트의 형태를 반전하여 복사한다.

❶ 스케일 툴 : 오브젝트의 크기를 조절한다.
❷ 기울기 툴 : 선택한 오브젝트의 기울기를 조절한다.
❸ 리셰이프 툴 : 오브젝트에 포인트를 추가하고 이동한다.

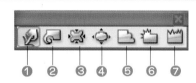

❶ 왜곡 툴 : 오브젝트를 왜곡한다.
❷ 비틀기 툴 : 선택한 영역의 형태를 비트는 도구이다.
❸ 구김 툴 : 선택한 영역을 구긴다.
❹ 팽창 툴 : 선택한 영역을 팽창한다.
❺ 조개 툴 : 선택한 영역을 마치 조개 껍질 같은 형태로 변형한다.
❻ 크리스털 툴 : 크리스털 형태로 변형한다.
❼ 주름 툴 : 주름진 형태로 변형한다.

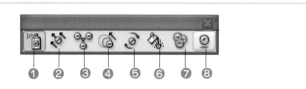

❶ 심벌 스프레이어 툴 : 기본으로 설정된 스프레이어 도구이다.
❷ 심벌 이동 툴 : 심벌들의 위치를 이동한다.

❸ 심벌 스크런처 툴 : 심벌들을 한곳으로 모으는 도구이다.
❹ 심벌 사이즈 툴 : 심벌을 확대하거나 축소하는 도구이다.
❺ 심벌 회전 툴 : 심벌을 회전하는 도구이다.
❻ 심벌 색상 툴 : 심벌에 색상을 적용하는 도구이다.
❼ 심벌 투명도 툴 : 심벌에 투명도를 적용하는 도구이다.
❽ 심벌 스타일 툴 : 심벌에 스타일을 적용하는 도구이다.

❶ 크롭 에어리어 툴 : 오브젝트의 재단선을 만들어 준다.
❷ 슬라이스 툴 : 오브젝트를 잘라 낸다.
❸ 슬라이스 선택 툴 : 슬라이스 툴로 잘라 낸 오브젝트들을 선택할 때 사용한다.

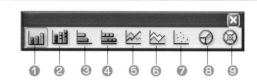

❶ 칼럼 그래프 툴 : 기본으로 설정된 그래프 도구이다.
❷ 분할 칼럼 그래프 툴 : 여러 데이터를 세로 막대그래프로 쌓아서 표현하는 도구이다.
❸ 바 그래프 툴 : 가로 막대그래프이다.
❹ 분할 바 그래프 툴 : 여러 데이터를 가로 막대그래프에 쌓아서 표현한다.
❺ 선 그래프 툴 : 데이터들을 점으로 표시한 뒤 점과 점을 이어 선으로 표현하는 도구이다.
❻ 영역 그래프 툴 : 데이터들을 영역으로 표현하는 도구이다.
❼ 분산 그래프 툴 : 데이터를 x, y 좌표값으로 표현하는 도구이다.
❽ 파이 그래프 툴 : 각 데이터가 차지하는 비율을 파이 모양으로 표현하는 도구이다.
❾ 레이더 그래프 툴 : 데이터를 레이더의 형태로 표현한다.

❶ 스포이드 툴 : 오브젝트의 색상을 추출한다.
❷ 측정 툴 : 오브젝트의 거리나 크기 등을 측정한다.

❶ 지우개 툴 : 아트워크의 영역을 신속하게 지울 수 있고, 지울 부분의 너비, 셰이프, 매끄러움을
   완벽하게 제어할 수 있다.
❷ 가위 툴 : 패스를 자를 때 사용하며, 오브젝트를 분리하는 기능을 한다.

❸ 나이프 툴 : 가위 도구처럼 오브젝트를 잘라 낼 때 사용한다. 가위 툴과 기능은 비슷하지만 잘려진 면에 차이가 있다.

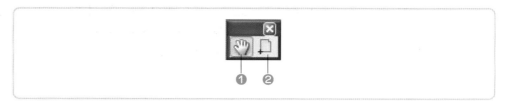

❶ 핸드 툴 : 오브젝트를 이동한다.
❷ 페이지 툴 : 인쇄할 때 인쇄 영역을 이동할 수 있다.

## 02 | 포토샵(Photoshop)

### (1) 정 의
미국 어도비(adobe) 사의 비트맵 방식 프로그램으로 컬러링, 사진 보정 및 수정, 이미지 합성 및 변형 등 전반적인 이미지 작업에 효과를 주는 그래픽 프로그램이다.

### (2) 특 징
포토샵은 컴퓨터 그래픽 분야에서 가장 많이 사용하고 있는 프로그램으로 전자 출판, 멀티미디어, 애니메이션, 캐릭터 디자인, 웹 디자인, 광고 사진, 3D 분야까지 컴퓨터로 이미지를 다루는 거의 모든 분야에서 활용하고 있다.

① 메뉴 바(menu bar) : 포토샵의 기능을 메뉴로 실행한다.
② 도구상자(tool box) : 이미지의 선택, 색을 칠하는 브러시 등의 이미지를 편집하기 위한 도구이다.

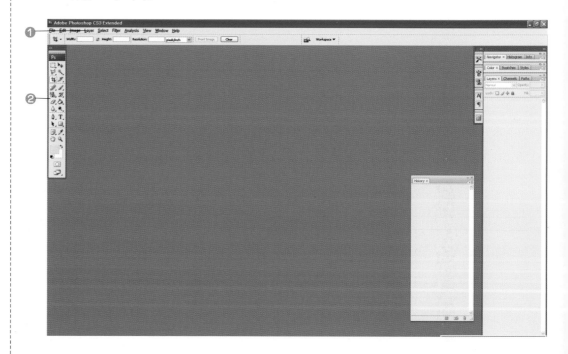

## (3) 포토샵 툴 박스 기능

포토샵에서 가장 많이 사용되고 기본이 되는 툴 박스는 원하는 툴을 마우스로 클릭하여 선택한다. 툴의 오른쪽에 작은 세모가 있는 툴은 감춰져 있는 툴이 더 있다는 뜻으로 마우스 왼쪽을 길게 누르거나 마우스 오른쪽을 눌러 숨겨진 툴을 선택할 수 있다.

① 선택 영역을 지정하거나 이미지를 선택하기 위한 툴

   ㉠ 사각 선택 툴(rectangular marquee tool) : 사각 모양으로 선택 영역을 지정한다.

   ㉡ 원형 선택 툴(elliptical marquee tool) : 둥근 모양으로 선택 영역을 지정한다.

   ㉢ 이동 툴(move tool) : 선택한 이미지를 원하는 방향으로 이동한다.

   ㉣ 라소 툴(lasso tool) : 마우스로 드래그하여 자유롭게 선택 영역을 지정한다.

   ㉤ 다각형 라소 툴(polygonal lasso tool) : 마우스를 클릭하여 다각형 모양으로 선택 영역을 지정한다.

   ㉥ 자석 라소 툴(magnetic lasso tool) : 이미지의 경계선에 대비값을 이용하여 선택 영역을 지정한다.

   ㉦ 마술봉(magic tool) : 이미지의 한 지점을 클릭하여 설정한 값의 유사 색상 범위만큼 선택 영역으로 지정한다.

   ㉧ 자르기 툴(crop tool) : 이미지에서 선택한 부분을 제외한 나머지 부분을 잘라낸다.

   ㉨ 슬라이스 툴(slice tool) : 이미지를 분할하여 웹상에서 사용할 수 있게 한다.

   ㉩ 선택 슬라이스 선택 툴(slice selection tool) : 분할한 화면을 선택하거나 이동한다.

② 그림을 그리는 페인팅 툴

   ㉠ 치료 브러시 툴(spot healing brush tool) : 주변 픽셀의 명도·채도의 값, 이미지 픽셀을 자동으로 불러들여 비슷한 부분을 채워주는 기능이다.

   ㉡ 힐링 브러시 툴(healing brush tool) : 음영을 그대로 유지하여 복제할 수 있으며, 자연스러운 이미지를 복원한다.

   ㉢ 브러시 툴(brush tool) : 붓으로 칠한 듯한 그림을 그릴 때 사용하는 페인팅 도구이다.

   ㉣ 연필 툴(pencil tool) : 연필로 칠한 듯한 그림을 그릴 때 사용하는 페인팅 도구이다.

   ㉤ 패턴 도장 툴(pattern stamp tool) : 패턴 이미지로 배경을 페인팅한다.

ⓑ ✎ 지우개 툴(eraser tool) : 이미지의 불필요한 부분을 지울 때 사용한다.

ⓢ 🪣 페인트 버킷 툴(paint bucket tool) : 클릭한 지점을 기준으로 비슷한 색상 면적에 색상 또는 패턴을 채운다.

ⓞ ▦ 그레이디언트 툴(gradient tool) : 이미지에 그라데이션 색상을 자연스럽게 칠한다.

ⓩ 💧 블러 툴(blur tool) : 이미지를 흐리게 만든다.

ⓩ 🔍 닷지 툴(dodge tool) : 이미지를 밝게 만든다.

③ 도형 그리기 툴과 문자 툴

ⓖ ✒ 펜 툴(pen tool) : 패스를 그린다.

ⓛ T 문자 툴(text tool) : 글자를 입력한다.

ⓒ ▸ 직접 선택 툴(direct selection tool) : 패스를 구성하는 선과 정점을 독립적 으로 선택한다.

ⓔ ▢ 사각형 셰이프 툴(ractangle tool) : 사각형 패스 이미지를 만든다.

④ 그 밖의 툴

ⓖ ✎ 스포이드 툴(eyedropper tool) : 이미지로부터 색상을 추출한다.

ⓛ ✋ 손바닥 툴(hand tool) : 이미지 보기 위치 지정을 한다.

ⓒ ▤ 노트 툴(note tool) : 이미지에 설명을 다는 주석 툴이다.

ⓔ 🔍 돋보기 툴(zoom tool) : 이미지의 보기 배율을 확대하거나 축소한다.

ⓜ ■ 전경색(set foreground color) : 브러시로 칠하거나 색상을 채울 때 나타나 는 색상이다.

ⓗ ■ 배경색(set background color) : 백그라운드 이미지를 지우개 툴로 지울 때 나타나는 색상이다.

ⓢ ◎ 퀵스크 모드(edit in quick mask mode) : 일반 모드를 퀵모드로 바꿔 선택 된 부분을 브러시로 수정할 수 있다.

ⓞ ▢ 화면보기 전환 모드(change screen mode) : 이미지 창을 확대하거나 풀스 크린 모드로 확대하여 볼 수 있다.

## (4) 포토샵 메뉴

풀다운 메뉴에는 비슷한 역할을 하는 명령들이 한곳에 모여 있어 각 메뉴를 클릭하면 하위 메뉴가 나타난다.

① file

파일의 열기 및 저장, 출력에 관한 명령어가 있다.

② edit

이미지 편집에 관한 명령어로 색상 채우기, 복사하기, 붙여넣기, 변형하기 등이 있다.
③ image

이미지 색상을 보정하고 모드를 변경하는 명령과 이미지의 크기, 해상도 조절 등의 명령어가 있다.

④ layer

레이어와 관련된 명령어로 레이어의 생성, 복사, 위치 정렬, 추가, 스타일 적용 등의 명령어가 있다.

⑤ select

선택 영역을 지정, 해제, 모양을 바꾸는 등의 선택에 관한 명령어가 있다.

⑥ filter

각종 필터에 관련된 명령어로 이미지에 효과를 적용하는 명령어가 있다.

⑦ view

이미지의 확대와 축소, 보기에 관련된 명령어이다.

⑧ window

메뉴 패널의 관리, 작업 화면에 관한 명령어이다.

⑨ help

포토샵의 정보를 얻을 수 있는 명령어이다.

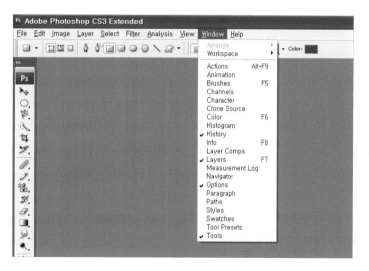

## (5) 새 창 열기

새 창을 여는 방법에는 두 가지의 방법이 있다. 메뉴에서 [File]-[New] 명령을 실행하거나 단축키 Ctrl + N을 이용하는 방법이 있다.

① wide

작업창의 가로 크기를 설정한다.

② height

작업창의 세로 크기를 설정한다.

③ resolution

해상도를 의미한다.

④ color mode

다양한 이미지 모드가 있으나, RGB color를 선택한다.

⑤ back ground contents

배경 색상을 선택한다.

㉠ white : 흰색 바탕으로 새 창을 연다.

㉡ background color : 정해진 배경색으로 새 창을 연다.

㉢ transparent : 바탕이 투명한 새 창을 연다.

## (6) 이미지 불러오기

이미지를 불러오는 방법에는 메뉴에서 [File]-[Open] 명령을 실행하거나, 단축키 Ctrl+O 를 이용, 바탕화면을 더블 클릭하는 등의 세 가지의 방법이 있다.

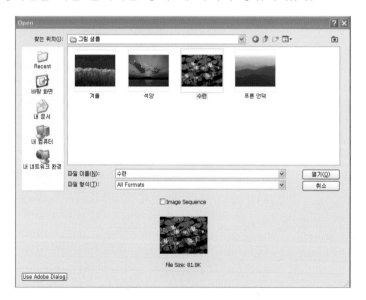

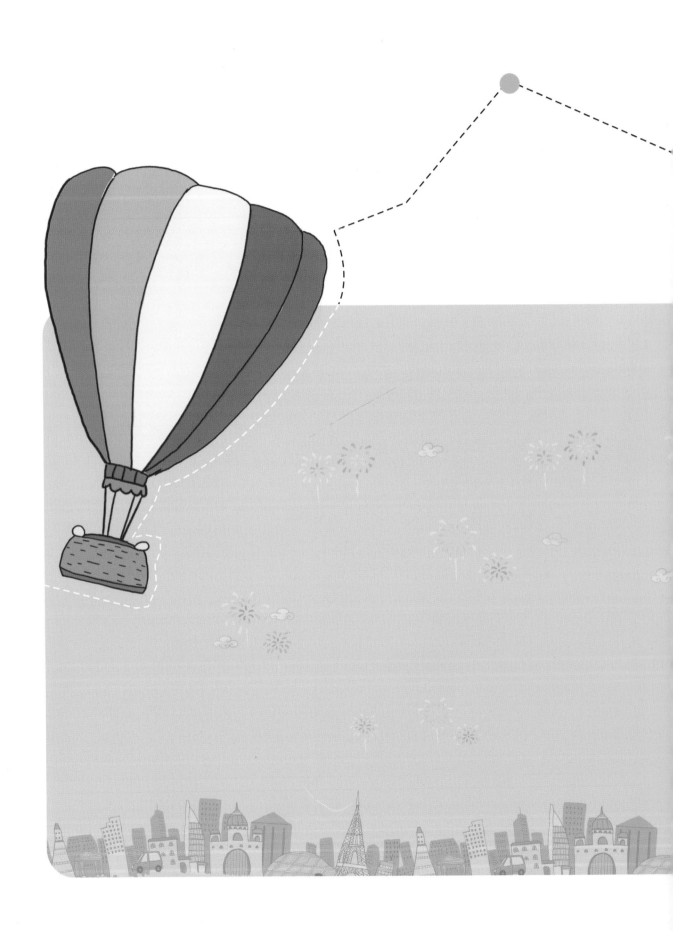

PART 0**2**

# 과년도 출제 문제

# 2004년 시각 디자인 산업기사 출제 문제
## - 제주도 관광 포스터 디자인 -

● 시험 시간 : 7시간[기본 디자인(수작업) 4시간, 컴퓨터 작업 3시간]

## 1. 시험 문제

**1 요구 사항**

주어진 이미지를 활용하여 제주도 관광 포스터를 디자인하시오.

① 주제

   제주도 관광 포스터 디자인

② 디자인 조건 및 유의 사항

   ㉠ 내용 : 세계적인 관광 도시 제주도의 이국적이고 아름다운 자연환경을 널리 알리고 홍보한다.

   ㉡ 그림 : 제공된 이미지를 한 장 이상은 꼭 사용한다.

   ㉢ 표현 기법 : 수험자 임의대로 여러 가지 재료를 통해 표현한다.(준비물에 제한 없음)

   ㉣ 규격

   • 수작업 : 4절지(러프와 디자인 완성형 스케치를 비율에 맞게 그린다.)

   • 컴퓨터 작업 : A4(210mm×297mm)

**2 기본 디자인 작업(수작업, 70점)**

4절 켄트지 한 장을 가로로 하여 좌측에 러프 스케치를 하고, 우측에는 디자인 완성형을 배치한다.

① 러프 스케치

   서로 다른 콘셉트로 3컷

② 디자인 완성형

   러프 스케치에서 한 점을 선정하여 구체적으로 컬러감 있게 표현

**3 컴퓨터 작업(30점)**

디자인 완성형을 컴퓨터 작업으로 하고, 출력한 뒤 시험장에서 나눠주는 4절 켄트지에 마운팅한다.

① 작업 범위

   디스켓 2HD 3.5(1.44MB)에 수록될 수 있도록 용량을 체크한다.

② 규격

   A4(210mm×297mm) 이내외로 작업 범위를 정하고, 출력 시 80% 이상을 차지하도록 배치한다.

③ 해상도 및 포맷 형식

　제한 용량 범위 내에서 작업을 한다.

④ 색상(color mode)

　CMYK mode에 맞춰서 한다.

⑤ 기타

　㉠ 제공된 소프트웨어 및 내용은 모두 활용한다.

　㉡ 요구 사항은 꼭 처리한다.

　㉢ 최종 작업 소프트웨어는 임의대로 선택한다.

● 제주도 관광 홍보 포스터 이미지 ●

➜ 위의 이미지는 실제 시험에서 나온 이미지와 다소 차이가 날 수 있다.

## 2. 아이디어 디자인화 과정

**1 콘셉트**

제주도의 아름다운 관광 자원을 다양하게 보여준다. 여행하고, 관광하고 싶은 여행지가 될 수 있도록 제주도의 모습을 전달력 있고 호소력 있게 보여준다.

**2 레이아웃**

칼럼 그리드를 기본으로 해서 제주도의 4계절 이미지를 편집면에 꽉 차게 레이아웃한다.

**3 카 피**

제주도의 특성인 관광지로서의 면모를 잘 부각시키기 위해, 어느 계절에 관광을 와도 즐거울 수 있음을 보여주는 "아름다운 4계절 제주"라는 슬로건을 내세운다.

**4 색 상**

자연적인 색감인 그린과 그의 보색인 마젠타를 이용해 관광 포스터답게 화려한 이미지로 전체적인 분위기를 나타낸다.

**5 로 고**

제주도의 대표적인 이미지인 '바다와 하루방'의 특징을 살려 단순화시킨다.

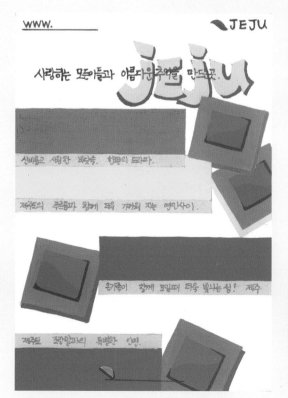

# 4. 컴퓨터 실습

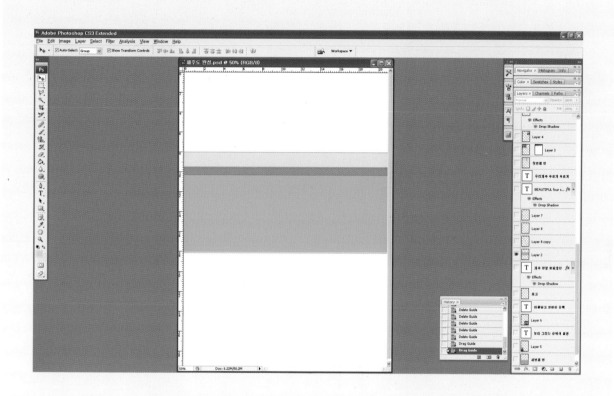

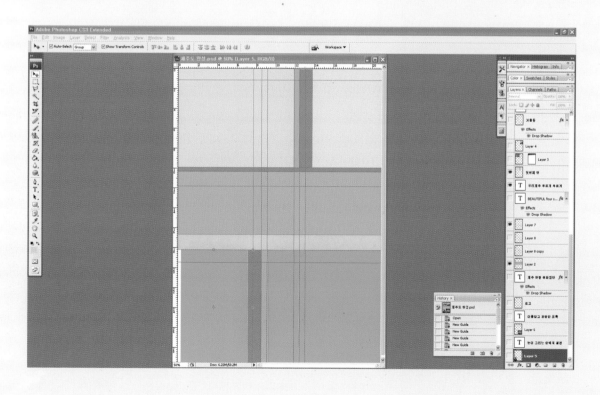

www.J.com 　봄향기 가득한 설렘

청명한가을빛

春

秋

# BEAUTIFUL FOUR SEASON JEJU

*spring - 제주 유채꽃 잔지 , 연인과 가족과 함께 하는 제주섬 이벤트 (3~5월)
*summer - 제주 바다 축제 , 바다 시장 먹거리 20% 할인 행사 . 웨딩 허니문 (7~8월)
*fall - 제주도 가을 아가씨 축제 , 제주 억새꽃 축제 (9월~11월)
*winter - 한라산 축제 , 눈의 여왕 행사 , 제주도 산밀 축제 (12월~1월)
*홈페이지 주소 - www.J.com
*자세한 사항은 ARS 로 문의하세요. ARS 158 - 600

*꿈과 낭만이 있는 제주도는 1년중 그 어느계절도 놓칠 수 없는 환상의 도시입니다.

눈이 그리는 순백색 절경

아름답고 찬란한 유혹

冬

제주 관광 문화재단

# 시각 디자인 산업기사 출제 문제
## - MP3 잡지 광고 디자인 -

● 시험 시간 : 7시간[기본 디자인(수작업) 4시간, 컴퓨터 작업 3시간]

## 1. 시험 문제

### 1 요구 사항
주어진 이미지를 활용하여 제품 홍보 포스터 디자인을 다음과 같은 내용으로 디자인하시오.
① 주제
MP3 잡지 광고 디자인
② 디자인 조건 및 유의 사항
㉠ 내용 : 젊은 감각의 세련되고 콤팩트한 디자인으로 1GB 이상의 용량으로 많은
양의 음악을 저장할 수 있으며, 고음질의 고성능 MP3이다. 세련되고 콤팩트한
디자인의 특징을 살려 소구 대상 10~20대에 맞도록 디자인한다.
㉡ 그림 : 제공된 이미지를 한 장 이상은 꼭 사용한다.
㉢ 표현 기법 : 수험자 임의대로 여러 가지 재료를 통해 표현한다.(준비물에 제한 없음)
㉣ 규격
• 수작업 : 4절지(러프와 디자인 완성형 스케치를 비율에 맞게 그린다.)
• 컴퓨터 작업 : A4(210mm×297mm)

### 2 기본 디자인 작업(수작업, 70점)
4절 켄트지 한 장을 가로로 하여 좌측에 러프 스케치를 하고, 우측에는 디자인 완성형
을 배치한다.
① 러프 스케치
서로 다른 콘셉트로 3컷
② 디자인 완성형
러프 스케치에서 한 점을 선정하여 구체적으로 컬러감 있게 표현

### 3 컴퓨터 작업(30점)
디자인 완성형을 컴퓨터 작업으로 하고, 출력한 뒤 시험장에서 나눠주는 4절 켄트지에
마운팅한다.
① 작업 범위
디스켓 2HD 3.5(1.44MB)에 수록될 수 있도록 용량을 체크한다.
② 규격
A4(210mm×297mm) 이내외로 작업 범위를 정하고, 출력 시 80% 이상을 차지하도

록 배치한다.

③ **해상도 및 포맷 형식**

제한 용량 범위 내에서 작업을 한다.

④ **색상(color mode)**

CMYK mode에 맞춰서 한다.

⑤ **기타**

㉠ 제공된 소프트웨어 및 내용은 모두 활용한다.

㉡ 요구 사항은 꼭 처리한다.

㉢ 최종 작업 소프트웨어는 임의대로 선택한다.

● **MP3 주어진 이미지** ●

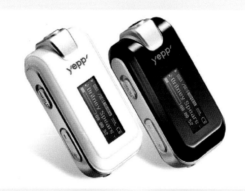

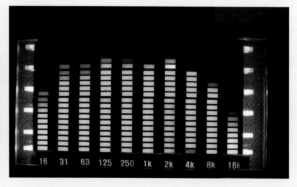

➜ 위의 이미지는 실제 시험에서 나온 이미지와 다소 차이가 날 수 있다.

## 2. 아이디어 디자인화 과정

**1 콘셉트**

젊은 감각의 세련되고 콤팩트한 디자인을 부각시켜 동적이고 리듬감이 있도록 이미지화해 한층 더 활동적인 느낌을 나타내었다.

**2 레이아웃**

그리드를 무시한 자유롭고 강렬한 느낌으로 나타낸다.

**3 카 피**

MP3의 소리에 따라 시각적으로 변하는 것을 나타내기 위해 "color change love"라는 카피로 하였다.

**4 색 상**

MP3의 감각적이고 리듬감 있는 색채를 표현하기 위해 vivid, bright 톤을 주조색으로 사용하였으며, PR, YR, Y, GY, Y, P를 색상을 이용하였다.

**5 로 고**

펀펀이라는 회사의 상호명을 이용하여 감각적이고 톡톡 튀는 이미지 배색인 YR을 통해 나타내었다.

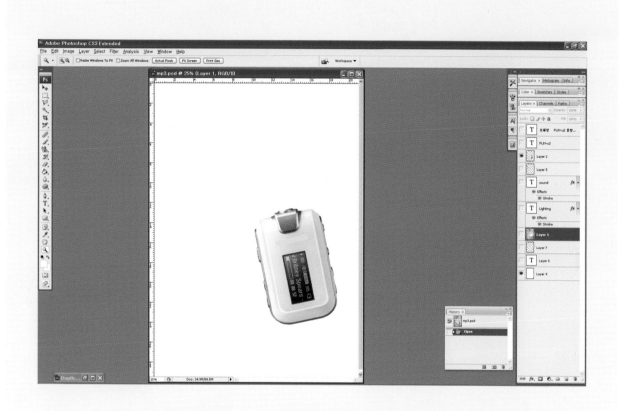

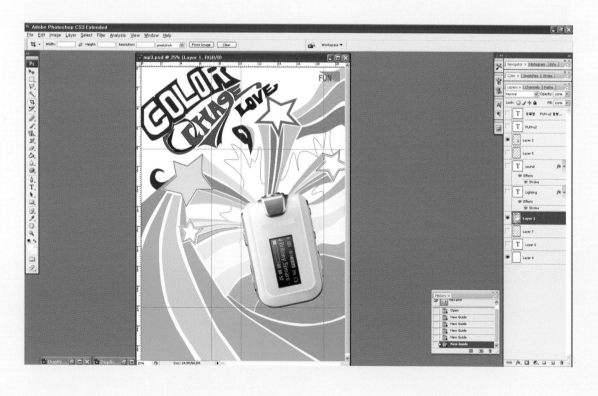

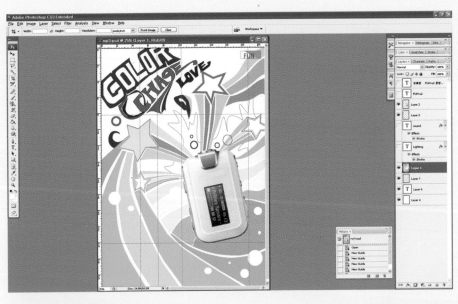

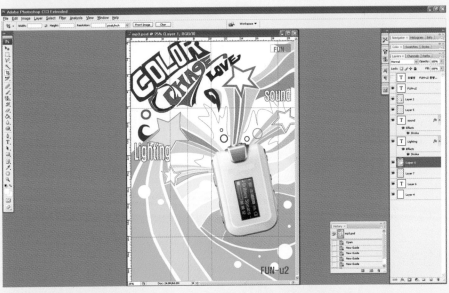

모델명 **FUN-u2**

용량 **2GB , 1.0형**
**여름,스포츠형 , 초경량**
**USB일체형**

컬러 **블랙, 화이트, 핑크, 블루**

주요기능 라디오 , 음성녹음
재생속도조절 , 구간반복
DNSe3.0core , 이모디오
앨범아트지원 , 4라인OLED
피트니스모드 , 스터디모드
PopCon캐릭터

서라운드 입체 음향 DNSe, 3.0 CoreU5에 탑재된 DNSe, 3.0 Core 사운드
엔진의 핵심 부분을 채용한 것으로 기본EQ 및 3D와 Bass 효과, 자동EQ 추천
기능인 Auto DNSe, 사용자가 직접 수정할 수 있는 User EQ 모드가 지원됩니
다.
USB 2.0의 빠른 데이터 전송
*컴퓨터 사양에 따라 전송속도에 차이가 있을 수 있습니다.

**FUN-u2**

고객센터 1588-1234    www. funmp3.com

# 2006년 시각 디자인 산업기사 출제 문제
## - 독도 사랑 홍보 포스터 디자인 -

● 시험 시간 : 7시간[기본 디자인(수작업) 4시간, 컴퓨터 작업 3시간]

## 1. 시험 문제

**1 요구 사항**

주어진 이미지를 활용하여 독도 사랑 홍보 포스터를 디자인하시오.

① **주제**

독도 사랑 홍보 포스터 디자인

② **디자인 조건 및 유의 사항**

㉠ 내용 : 독도는 대한민국의 영토이며, 나아가 우리가 지켜야 할 우리의 영토임을 전 국민을 대상으로 공감대를 형성할 수 있도록 제작한다. 독도를 사랑할 수 있는 마음을 가질 수 있도록 대중에게 호소력 있는 슬로건을 제작한다.

㉡ 그림 : 제공된 이미지를 한 장 이상은 꼭 사용한다.

㉢ 표현 기법 : 수험자 임의대로 여러 가지 재료를 통해 표현한다.(준비물에 제한 없음)

㉣ 규격

• 수작업 : 4절지(러프와 디자인 완성형 스케치를 비율에 맞게 그린다.)

• 컴퓨터 작업 : A4(210mm×297mm)

**2 기본 디자인 작업(수작업, 70점)**

4절 켄트지 한 장을 가로로 하여 좌측에 러프 스케치를 하고, 우측에는 디자인 완성형을 배치한다.

① **러프 스케치**

서로 다른 콘셉트로 3컷

② **디자인 완성형**

러프 스케치에서 한 점을 선정하여 구체적으로 컬러감 있게 표현

**3 컴퓨터 작업(30점)**

디자인 완성형을 컴퓨터 작업으로 하고, 출력한 뒤 시험장에서 나눠주는 4절 켄트지에 마운팅한다.

① **작업 범위**

디스켓 2HD 3.5(1.44MB)에 수록될 수 있도록 용량을 체크한다.

② **규격**

A4(210mm×297mm) 이내외로 작업 범위를 정하고, 출력 시 80% 이상을 차지하도

록 배치한다.

③ 해상도 및 포맷 형식

제한 용량 범위 내에서 작업을 한다.

④ 색상(color mode)

CMYK mode에 맞춰서 한다.

⑤ 기타

㉠ 제공된 소프트웨어 및 내용은 모두 활용한다.

㉡ 요구 사항은 꼭 처리한다.

㉢ 최종 작업 소프트웨어는 임의대로 선택한다.

● 독도 사랑 홍보 포스터 이미지 ●

➔ 위의 이미지는 실제 시험에서 나온 이미지와 다소 차이가 날 수 있다.

## 2. 아이디어 디자인화 과정

**1 콘셉트**

독도의 아름다운 이미지를 보여준다. 대중들이 독도에 대한 애국심과 관심을 가질 수 있도록 한다.

**2 레이아웃**

블록 그리드를 바탕으로 이미지를 넣고 전체적인 분위기가 깔끔하면서도 집중이 잘되게 한다.

**3 카 피**

독도에 대한 관심이 미래도 과거도 아닌 현재에 시작되어야 한다는 것을 강조한다.

**4 색 상**

독도의 자연적인 이미지가 돋보일 수 있도록 명도, 색상 등의 차이가 많이 나는 옐로우를 통해 나타낸다.

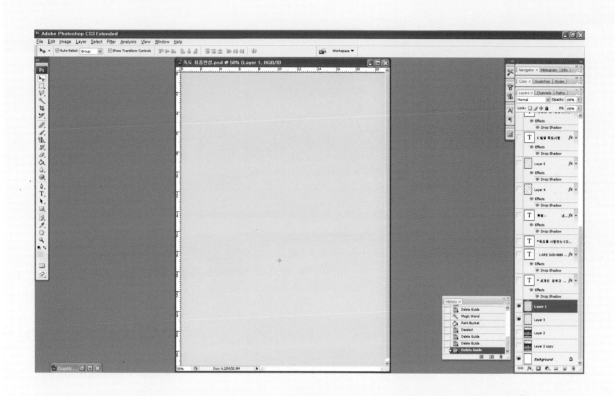

www . Dokdo . com

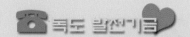

6 빛깔 독도사랑
지금은 더 넓은 가슴으로 "독도"를
사랑 할때

·독도를 사랑하는 6가지 방법

1.ARS 1600-8888 한통의 전화로 독도 후원 기금을~ 2.매주 화요일 독도에서 열리는 독도 환경 지킴이 자원 봉사 참여
3.독도 수비대 일일 체험을 통한 독도 제대로 알기  4. 매년 독도에 서 (6월1~14일) 개최 되 는 독도 기념 전시관 관람하기
5.독도 홈페이지 방문하기 6.독도의날 태극기 달기

후원 :   네이버  삼성전자  ✳  울릉도 시청

· 세계인 모두가 대한민국의 독도 임을 알때까지 이 캠페인은 계속 됩니다.

# 2007년 시각 디자인 산업기사 출제 문제
## - '제5회 경기도 세계 도자 비엔날레'의 홍보 배너 -

● 시험 시간 : 7시간[기본 디자인(수작업) 4시간, 컴퓨터 작업 3시간]

## 1. 시험 문제

### 1 요구 사항

주어진 이미지를 활용하여 '제5회 경기도 세계 도자 비엔날레' 실외 배너 광고를 제작하시오.

① 주제

'제5회 경기도 세계 도자 비엔날레'의 홍보 배너

② 디자인 조건 및 유의 사항

㉠ 내용 : 경기도에서 열리는 도자 축제인 세계 도자 비엔날레를 홍보하고 대중들에게 축제의 소식을 전하며, 더 많은 참여와 관심을 가질 수 있도록 실외 배너를 제작한다. 좌우 대칭되게 한 쌍으로 그려야 한다.

㉡ 그림 : 제공된 이미지를 한 장 이상은 꼭 사용한다.

㉢ 표현 기법 : 수험자 임의대로 여러 가지 재료를 통해 표현한다.(준비물에 제한 없음)

㉣ 규격

• 수작업 : 4절지(러프와 디자인 완성형 스케치를 비율에 맞게 그린다.)

• 컴퓨터 작업 : A4(210mm×297mm)

### 2 기본 디자인 작업(수작업, 70점)

4절 켄트지 한 장을 가로로 하여 좌측에 러프 스케치를 하고, 우측에는 디자인 완성형을 배치한다.

① 러프 스케치

서로 다른 콘셉트로 3컷

② 디자인 완성형

러프 스케치에서 한 점을 선정하여 구체적으로 컬러감 있게 표현

### 3 컴퓨터 작업(30점)

디자인 완성형을 컴퓨터 작업으로 하고, 출력한 뒤 시험장에서 나눠주는 4절 켄트지에 마운팅한다.

① 작업 범위

디스켓 2HD 3.5(1.44MB)에 수록될 수 있도록 용량을 체크한다.

② 규격

A4(210mm×297mm) 이내외로 작업 범위를 정하고, 출력 시 80% 이상을 차지하도

록 배치한다.

③ 해상도 및 포맷 형식

제한 용량 범위 내에서 작업을 한다.

④ 색상(color mode)

CMYK mode에 맞춰서 한다.

⑤ 기타

㉠ 제공된 소프트웨어 및 내용은 모두 활용한다.

㉡ 요구 사항은 꼭 처리한다.

㉢ 최종 작업 소프트웨어는 임의대로 선택한다.

● 경기도 세계 도자 비엔날레 실외 배너 광고 이미지 ●

➔ 위의 이미지는 실제 시험에서 나온 이미지와 다소 차이가 날 수 있다.

## 2. 아이디어 디자인화 과정

**1 콘셉트**

도자기의 감흥과 예술성에 초점을 맞춰 도자기의 축제를 표현한다. 실외 배너인 만큼 주변 상황과 어울리는 색감을 통해 표현한다.

**2 레이아웃**

양쪽을 한 쌍으로 표현한다. 앞뒤로 놓이게 될 배너임을 감안해서 두 개의 편집면이 연결되도록 같은 이미지로 레이아웃한다. 화려한 배경에 자칫 혼란스러워 보일 수 있으므로 내용은 블록 그리드 형태로 명료하게 나타낸다.

**3 카 피**

흙이라는 하나의 재료로 혼이 깃든 다양한 예술품을 만드는 도자라는 순수 예술을 다양하게 경험할 수 있는 비엔날레의 특성을 잘 나타낸다. 여러 예술품이 조화를 이룬 전시장을 표현하기 위해 "흙이 펼치는 천상의 하모니"라는 카피로 나타낸다.

**4 색 상**

도자기의 예술성, 아름다움을 강조한 콘셉트이기 때문에 다양한 컬러(B, GY, Y, P, RP, W)들로 풍부하게 나타내되, 배너가 놓일 실외의 분위기와 동떨어지지 않기 위해 너무 원색적인 컬러감을 피하고 밝고 화사한 브라이트 톤으로 정한다.

**5 로 고**

도자라는 예술품의 고귀함을 나타내고자 보석의 이미지가 연상될 수 있도록 도자기의 이미지를 왜곡 단순화시켜서 나타낸다.

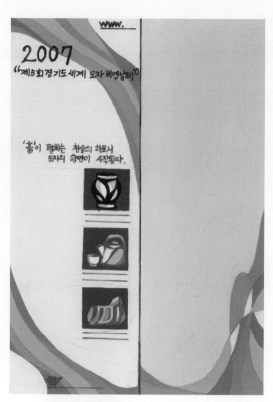

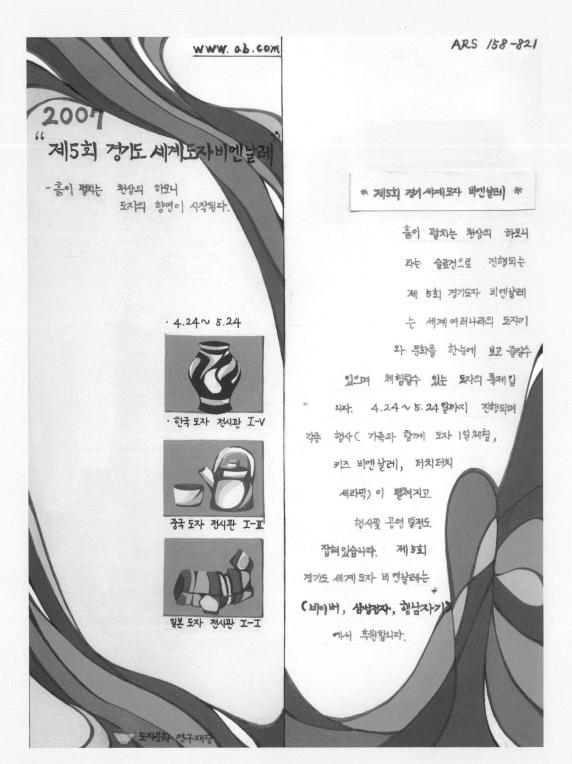

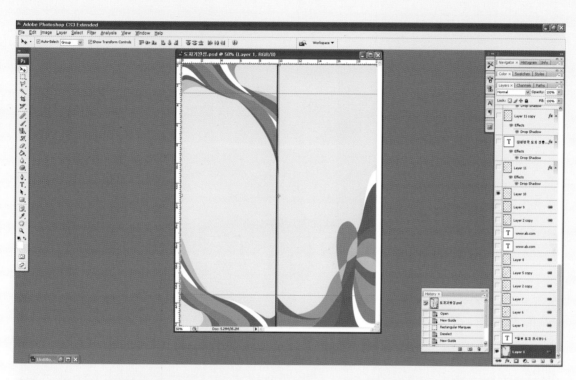

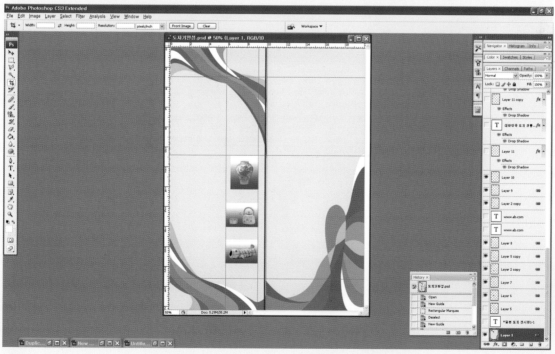

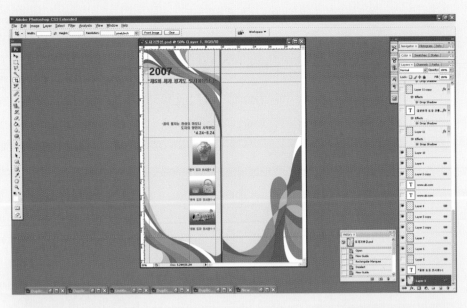

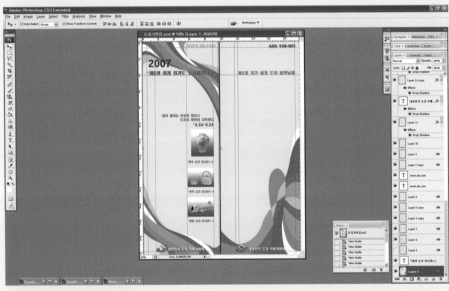

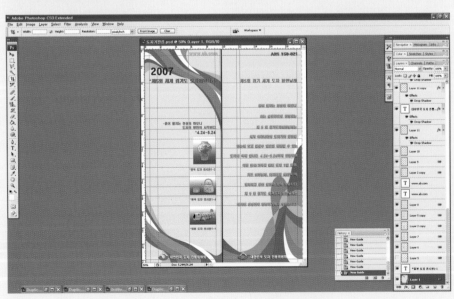

www.ab.com

ARS 158-821

# 2007
## "제5회 세계 경기도 도자비엔날레"

제5회 경기 세계 도자 비엔날레

-유이 펼지는 천상의 하모니
도자의 향연이 시작된다.
*4.24~5.24

*한국 도자 전시관1-2

*중국 도자 전시관1-4

*일본 도자 전시관1-1

유이 펼지는 천상의 하모니
라는 슬로건으로 진행되는
제 5 회 경기도자비엔날레는
세계 여러나라의 도자기의 문화를
한눈에 보고 들을수 있으며 체험할 수 있는
도자의 축제 입니다. 4.24~5.24까지 진행되며
각종 행사(기록과 함께 도자 1일 체험,
키즈 비엔날레, 터치터치 세라믹)이
펼쳐지고 공연 일정이 잡혀 있습니다.
제 5 회 경기도 세계도자 비엔날레는
네이버 삼성전자 한넬지기에서 후원입니다

 대한민국 도자 진흥위원회

 대한민국 도자 진흥위원회

# 시각 디자인 산업기사 출제 문제

## - 우리 옷에 담긴 아름다운 발자취 -

● 시험 시간 : 7시간[기본 디자인(수작업) 4시간, 컴퓨터 작업 3시간]

## 1. 시험 문제

### 1 요구 사항

주어진 이미지를 활용하여 '우리 옷에 담긴 아름다운 발자취'라는 북 커버 디자인를 제작하시오.

① 주제

우리 옷에 담긴 아름다운 발자취

② 디자인 조건 및 유의 사항

㉠ 내용 : 전통 복식은 대중들이 다소 어려움을 느낄 수가 있기에 '우리 복식의 미(美)'를 중점적으로 전시하고자 하는 점이 이 전시회의 핵심이다. 그것에 맞게 북 커버를 제작하시오.

㉡ 그림 : 제공된 이미지를 한 장 이상은 꼭 사용한다.

㉢ 표현 기법 : 수험자 임의대로 여러 가지 재료를 통해 표현한다.(준비물에 제한 없음)

㉣ 규격

- 수작업 : 4절지(러프와 디자인 완성형 스케치를 비율에 맞게 그린다.)
- 컴퓨터 작업 : 앞표지, 뒷표지 각각 가로 120mm×세로 160mm,
  책등 두께 15mm

### 2 기본 디자인 작업(수작업, 70점)

4절 켄트지 한 장을 가로로 하여 좌측에 러프 스케치를 하고, 우측에는 디자인 완성형을 배치한다.

① 러프 스케치

서로 다른 콘셉트로 3컷

② 디자인 완성형

러프 스케치에서 한 점을 선정하여 구체적으로 컬러감 있게 표현

### 3 컴퓨터 작업(30점)

디자인 완성형을 컴퓨터 작업으로 하고, 출력한 뒤 시험장에서 나눠주는 4절 켄트지에 마운팅한다.

① 작업 범위

디스켓 2HD 3.5(1.44MB)에 수록될 수 있도록 용량을 체크한다.

② 규격

A4(297mm×210mm) 이내외로 작업 범위를 정하고, 출력 시 80% 이상을 차지하도록 배치한다.

③ 해상도 및 포맷 형식

제한 용량 범위 내에서 작업을 한다.

④ 색상(color mode)

CMYK mode에 맞춰서 한다.

⑤ 기타

㉠ 제공된 소프트웨어 및 내용은 모두 활용한다.

㉡ 요구 사항은 꼭 처리한다.

㉢ 최종 작업 소프트웨어는 임의대로 선택한다.

● 우리 옷에 담긴 아름다운 발자취 ●

➲ 위의 이미지는 실제 시험에서 나온 이미지와 다소 차이가 날 수 있다.

## 2. 아이디어 디자인화 과정

**1 콘셉트**

전통 복식의 전통미, 우리 것이지만 잘 알지 못한 우리의 미를 북 커버를 통해 표현하였다.

**2 레이아웃**

북 커버의 대칭적인 구도에서 벗어나 앞표지에는 저고리를 배치하여 무게감있는 구성을 하였고, 뒷표지에는 전통 문양의 크기를 다르게 하여 리듬감 있는 구성으로 표현하였다.

**3 카 피**

전통 복식미를 알리는 것에 초점을 맞추어 "우리의 복식미를 전시합니다."라는 카피로 표현하였다.

**4 색 상**

전체적인 배색은 오방색을 기준으로 하여 배경은 오방색 중의 토(土)에 해당되는 만물이 소생하는 흙의 색으로 배색하여 전통미를 강조하였다.

**5 로 고**

연꽃의 이미지를 모티브로 하여 꽃잎을 단순화시켜 나타냈다.

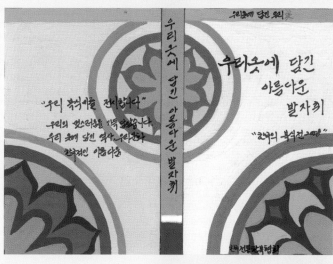

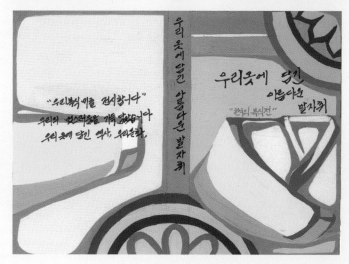

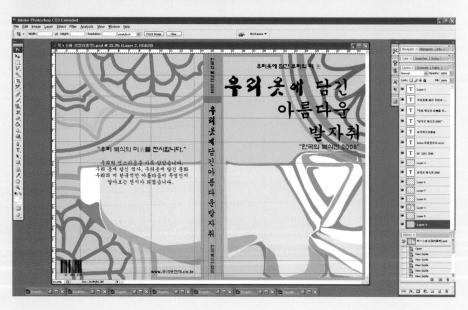

# 2007년 시각 디자인 산업기사 출제 문제

**- 소아용 종합 비타민 영양제(Top kids)의 홍보를 위한 리플릿 디자인 -**

● 시험 시간 : 7시간[기본 디자인(수작업) 4시간, 컴퓨터 작업 3시간]

## 1. 시험 문제

### 1 요구 사항

주어진 이미지를 활용하여 소아용 종합 비타민 영양제 패키지를 위한 리플릿 디자인 (영양제 상품명 : Top kids)을 다음과 같은 내용으로 디자인하시오.

**① 주제**

'소아용 종합 비타민 영양제 – Top kids'의 홍보를 위한 리플릿 디자인

**② 디자인 조건 및 유의 사항**

㉠ 소구 대상이 어린이라는 것과 종합 비타민 영양제라는 점을 알 수 있도록 한다.

㉡ 리플릿 디자인에는 캐릭터를 디자인하여 삽입하되, 반드시 과일을 응용하여 디자인한다.

㉢ 주어진 자료는 부분 혹은 전체를 활용하거나 참조할 수 있다.

**③ 그림**

제공된 이미지를 한 장 이상은 꼭 사용한다.

**④ 표현 기법**

수험자 임의대로 여러 가지 재료를 통해 표현한다.(준비물에 제한 없음)

**⑤ 규격**

㉠ 수작업 : 4절지(러프와 디자인 완성형 스케치를 비율에 맞게 그린다.)

㉡ 컴퓨터 작업 : 리플릿 규격은 가로 180mm×세로 250mm(세로형)의 중앙을 한 번 접어 한 면이 가로 90mm×250mm가 되도록 리플릿의 표지를 디자인한다.

### 2 기본 디자인 작업(수작업, 70점)

4절 켄트지 한 장을 가로로 하여 좌측에 러프 스케치를 하고, 우측에는 디자인 완성형을 배치한다.

**① 러프 스케치**

서로 다른 콘셉트로 3컷

**② 디자인 완성형**

러프 스케치에서 한 점을 선정하여 구체적으로 컬러감 있게 표현

### 3 컴퓨터 작업(30점)

디자인 완성형을 컴퓨터 작업으로 하고, 출력한 뒤 시험장에서 나눠주는 4절 켄트지에 마운팅한다.

① **작업 범위**

디스켓 2HD 3.5(1.44MB)에 수록될 수 있도록 용량을 체크한다.

② **규격**

A4(210mm×297mm) 이내외로 작업 범위를 정하고, 출력 시 80% 이상을 차지하도록 배치한다.

③ **해상도 및 포맷 형식**

제한 용량 범위 내에서 작업을 한다.

④ **색상(color mode)**

CMYK mode에 맞춰서 한다.

⑤ **기타**

㉠ 제공된 소프트웨어 및 내용은 모두 활용한다.

㉡ 요구 사항은 꼭 처리한다.

㉢ 최종 작업 소프트웨어는 임의대로 선택한다.

● 어린이 종합 비타민 이미지 ●

◐ 위의 이미지는 실제 시험에서 나온 이미지와 다소 차이가 날 수 있다.

## 2. 아이디어 디자인화 과정

**1 콘셉트**

어린아이들의 순수하고 밝은 동심의 세계를 재미 있는 이미지를 이용하여 표현하였다.

**2 레이아웃**

리플릿의 레이아웃 특성에 맞추어 양쪽을 곡선적인 흐름으로 서로 연결시켜 주는 구성을 하였다.

**3 카 피**

성장 발육을 위한 비타민을 표현하기 위해 "우리아이 쑥쑥"이라는 카피를 통해 나타내었다.

**4 색 상**

비타민이 상징하는 대표 색상을 강조하기 위해 R, Y 강조색으로 하고, 그 밖의 보조색을 bright색으로 하여 강조색을 보조해 주도록 하였다.

**5 로 고**

비타민 성분이 들어 있는 과일을 사용하여 만들었다는 것을 보여주기 위해, 사과의 이미지를 단순화하여 나타내었다.

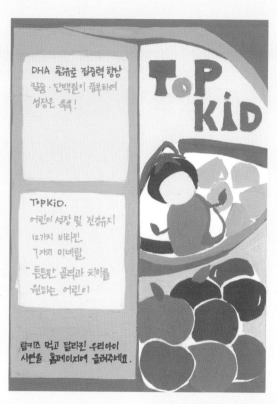

# 4. 컴퓨터 실습

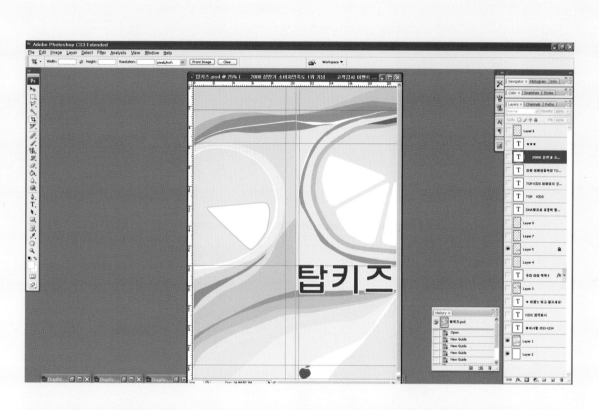

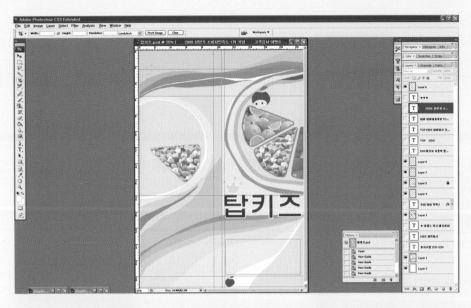

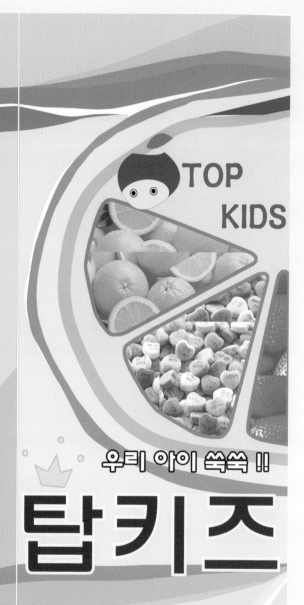

★ 이제는 믿고 맡기세요!

**DHA함유로 집중력 향상!**
칼슘 ,단백질이 풍부하여
성장은 쑥쑥!체력은 튼튼!
코엔자임 Q10이 들어있어
항산화작용!
어린이 체중조절 탁월!

제품명:탑키드
함량:1,600mg x60정/1통
섭취법:1일1회, 2정을 씹어서 섭취
원산지:미국
보관법:건조하고 서늘한 곳에 보관

## TOP KIDS
어린이의 성장 및
건강유지 12가지 비타민과
7가지 미네랄
-섭취대상
뼈의 형성과 성장발육이 활발한 어린이 성장
발육에 도움이 필요한 어린이!
튼튼한 골격과 치아를 원하는 어린이!

2008 상반기 소비자만족도 1위 기념
고객감사 이벤트

탑키즈 먹고 달라진 우리아이 사연을 홈페이지
**WWW.TOPKIDS.COM**에 올려주세여
우수작들을 뽑아 탑키즈세트와 푸짐한 경품을드
립니다.

탑키즈 뚜껑의 행운번호를 홈페이지에 남기시면
당첨자 100명께 탑키즈 세트와 인라인스케이트
를 드립니다.

**문의사항 1533-1234**

우리 아이 쑥쑥 !!

# 탑키즈

이런 어린이들위한 **TOPKIDS**

- -편식등의 잘못된 식습관을 가진 아이
- -인스턴트, 패스트푸드를 좋아하는 아이
- -집중력향상과 체력유지가 필요한 아이
- -성장지의 어린이와 청소년
- -허양체질의 어린이
- -올바른 영양섭취가 중요한 사춘기의 청소년

 **KIDS 제약회사**

# 2008년 시각 디자인 산업기사 출제 문제
## - 과학 도시인 대전의 캐릭터 제작 및 로고 타입 -

● 시험 시간 : 7시간[기본 디자인(수작업) 4시간, 컴퓨터 작업 3시간]

## 1. 시험 문제

**1** 요구 사항

과학 도시인 대전을 상징할 수 있는 캐릭터와 로고 타입을 제작하시오.

① **주제**

과학 도시인 대전의 캐릭터 제작 및 로고 타입

② **디자인 조건 및 유의 사항**

㉠ 내용 : 세계 과학 도시 연합(WTA)과 유네스코(UNESCO, 국제 연합 교육 과학 문화 기구)가 '대전에 WTA-UNESCO 과학 도시 연구 센터'를 설립하고 향후 5년간 공동 협력 사업을 추진하는 협약을 체결했다. 대전에 설립된 과학 도시 연구 센터의 우수성을 알리고 적극적인 홍보를 하기 위해 대전 과학 도시에 걸맞는 캐릭터와 로고 타입을 제작하려 한다. 주제에 맞는 개성 있는 캐릭터를 제작하시오.

㉡ 그림 : 제공된 이미지를 한 장 이상은 꼭 사용한다.

㉢ 표현 기법 : 수험자 임의대로 여러 가지 재료를 통해 표현한다.(준비물에 제한 없음)

㉣ 규격

· 수작업 : 4절지(러프와 디자인 완성형 스케치를 비율에 맞게 그린다.)

· 컴퓨터 작업 : A4(210mm×297mm)

**2** 기본 디자인 작업(수작업, 70점)

4절 켄트지 한 장을 가로로 하여 좌측에 러프 스케치를 하고, 우측에는 디자인 완성형을 배치한다.

① **러프 스케치**

서로 다른 콘셉트로 3컷

② **디자인 완성형**

러프 스케치에서 한 점을 선정하여 구체적으로 컬러감 있게 표현

**3** 컴퓨터 작업(30점)

디자인 완성형을 컴퓨터 작업으로 하고, 출력한 뒤 시험장에서 나눠주는 4절 켄트지에 마운팅한다.

① **작업 범위**

디스켓 2HD 3.5(1.44MB)에 수록될 수 있도록 용량을 체크한다.

② 규격

A4(210mm×297mm) 이내외로 작업 범위를 정하고, 출력 시 80% 이상을 차지하도록 배치한다.

③ 해상도 및 포맷 형식

제한 용량 범위 내에서 작업을 한다.

④ 색상(color mode)

CMYK mode에 맞춰서 한다.

⑤ 기타

㉠ 제공된 소프트웨어 및 내용은 모두 활용한다.

㉡ 요구 사항은 꼭 처리한다.

㉢ 최종 작업 소프트웨어는 임의대로 선택한다.

● 대전 과학 도시 캐릭터 이미지 ●

➔ 위의 이미지는 실제 시험에서 나온 이미지와 다소 차이가 날 수 있다.

## 2. 아이디어 디자인화 과정

**1 콘셉트**

대전 과학 도시를 상징하고 홍보할 수 있으며, 대중에게 호감이 가는 캐릭터를 만든다.

**2 레이아웃**

편집면의 80% 이상 중심에 위치하도록 나타낸다.

**3 카 피**

과학 도시, 연구 등 이지적인 이미지가 연상되는 블루와 과학 도시 캐릭터의 이미지를 차별화하기 위해 퍼플로 도미넌트 컬러를 배색한다.

**4 로 고**

대전과 과학 도시 센터의 약자를 통해 나타낸다. 점점 더 발전하는 기술력을 상징하기 위해 로고 타입의 심벌마크를 그라데이션하여 나타낸다.

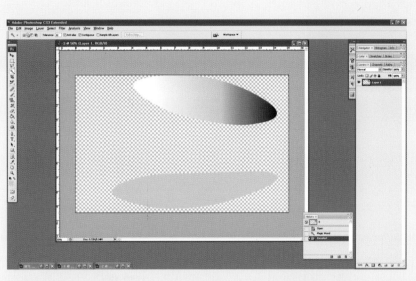

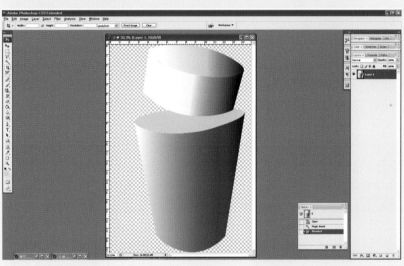

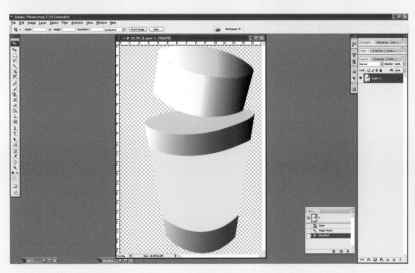

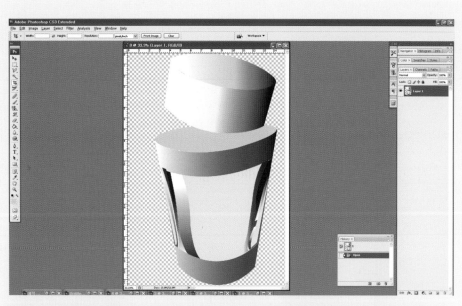

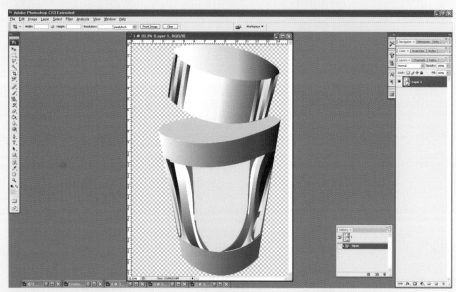

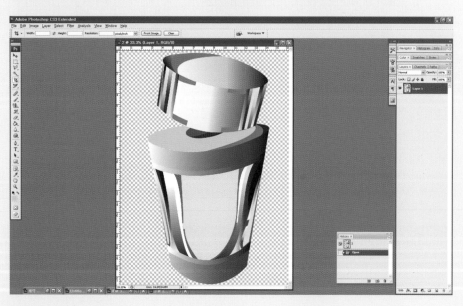

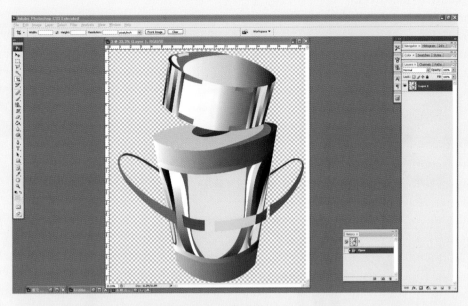

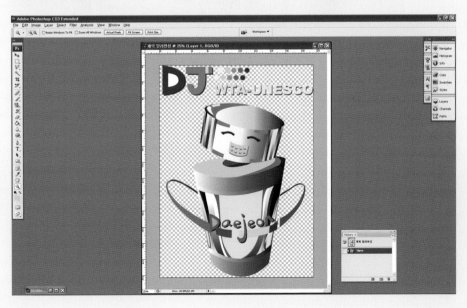

# 시각 디자인 산업기사 출제 문제
## - 세계 태권도 한마당 축제의 홍보 포스터 -

● 시험 시간 : 7시간[기본 디자인(수작업) 4시간, 컴퓨터 작업 3시간]

## 1. 시험 문제

### 1 요구 사항

주어진 이미지를 활용하여 세계 태권도 한마당 축제 홍보 포스터를 제작하시오.

① 주제

세계 태권도 한마당 축제의 홍보 포스터

② 디자인 조건 및 유의 사항

　㉠ 내용 : 세계 태권도 한마당 축제는 매년 열리는 국기원 주최의 태권도 축제를 홍보하고 대중들에게 태권도에 대해 구민, 나아가 세계인들에게 알리고 더 많은 참여와 관심을 가질 수 있도록 홍보 포스터를 제작한다.

　㉡ 그림 : 제공된 이미지를 한 장 이상은 꼭 사용한다.

　㉢ 표현 기법 : 수험자 임의대로 여러 가지 재료를 통해 표현한다.(준비물에 제한 없음)

　㉣ 규격

　　• 수작업 : 4절지(러프와 디자인 완성형 스케치를 비율에 맞게 그린다.)

　　• 컴퓨터 작업 : A4(210mm×297mm)

### 2 기본 디자인 작업(수작업, 70점)

4절 켄트지 한 장을 가로로 하여 좌측에 러프 스케치를 하고, 우측에는 디자인 완성형을 배치한다.

① 러프 스케치

서로 다른 콘셉트로 3컷

② 디자인 완성형

러프 스케치에서 한 점을 선정하여 구체적으로 컬러감 있게 표현

### 3 컴퓨터 작업(30점)

디자인 완성형을 컴퓨터 작업으로 하고, 출력한 뒤 시험장에서 나눠주는 4절 켄트지에 마운팅한다.

① 작업 범위

디스켓 2HD 3.5(1.44MB)에 수록될 수 있도록 용량을 체크한다.

② 규격

A4(210mm×297mm) 이내외로 작업 범위를 정하고, 출력 시 80% 이상을 차지하도

록 배치한다.

③ 해상도 및 포맷 형식

제한 용량 범위 내에서 작업을 한다.

④ 색상(color mode)

CMYK mode에 맞춰서 한다.

⑤ 기타

㉠ 제공된 소프트웨어 및 내용은 모두 활용한다.

㉡ 요구 사항은 꼭 처리한다.

㉢ 최종 작업 소프트웨어는 임의대로 선택한다.

● 세계 태권도 한마당 축제 이미지 ●

➔ 위의 이미지는 실제 시험에서 나온 이미지와 다소 차이가 날 수 있다.

## 2. 아이디어 디자인화 과정

**1 콘셉트**

우리나라 태권도의 위상을 보여주기 위한 홍보 포스터를 나타낸다. 세계인들에게 태권도는 대한민국이라는 이미지를 각인시켜 주도록 한다.

**2 레이아웃**

중심에 태극을 배치함으로써 안정감 있고, 주제 이미지를 한층 더 강조하기 위한 구성을 하였다.

**3 카 피**

태권도를 통해 서로 다른 국적의 사람들이 하나가 되고, 그 중심에는 한국이 있다는 것을 나타낼 수 있도록 "한국의 태권도가 세계의 중심이 된다."라는 카피로 한다.

**4 색 상**

태권도를 알리고 강조하기 위해 R, B 강조색으로 하고, 그 밖의 부분은 무채색을 보조색으로 하여 너무 원색적인 컬러를 피하도록 하였다.

**5 로 고**

한국의 태극기의 태극을 단순화하여 서로 다른 태권도로 하나가 된다는 것을 나타내었다.

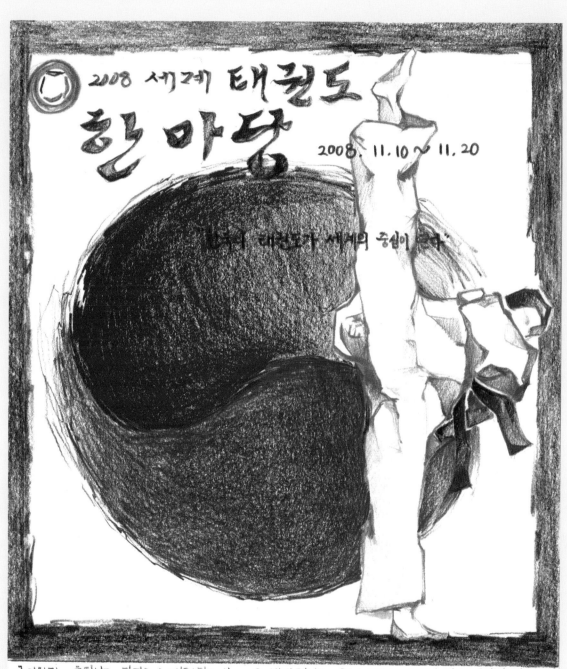

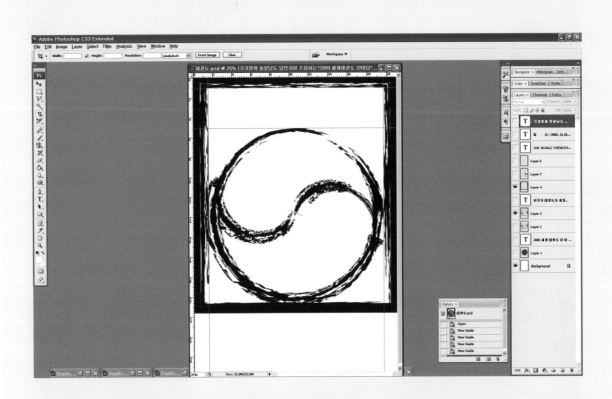

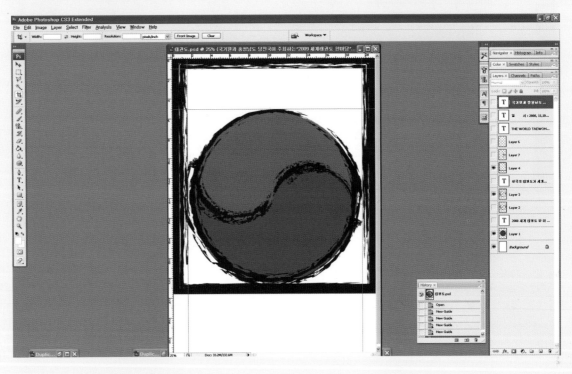

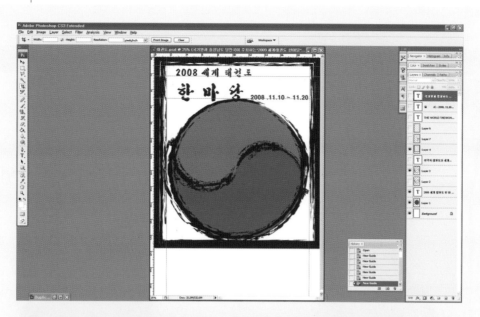

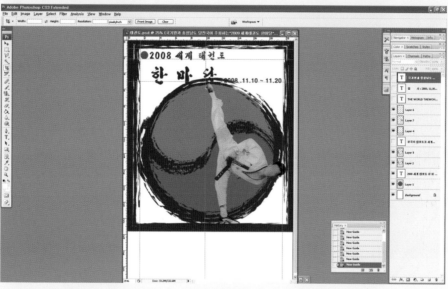

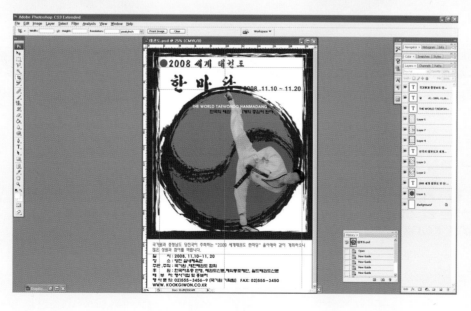

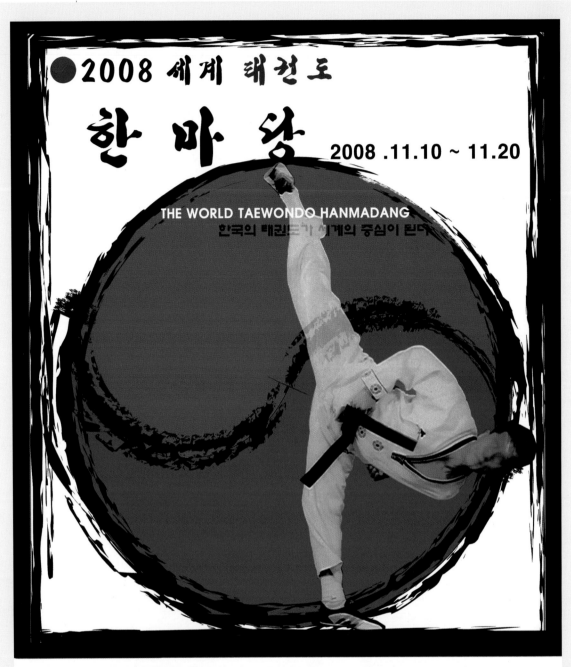

국기원과 충청남도 당진국이 주최하는 "2009 세계태권도 한마당" 을아래와 같이 개최하오니 많은 성원과 참여를 바랍니다.

일　　　시 : 2008, 11,10~11, 20
장　　　소 : 당진 실내체육관
주관 ,주최 : 국기원 ,대한태권도 협회
후　　　원 : 한국자유총 연맹, 태권도신문,해외동포재단, 월드태권도신문
배 부 처 : 행사기업 및 홍보처
행 사 문 의 : 02)555-3456~9 (국기원 기획팀)　FAX: 02)555-3450
WWW. KOOKGIWON.CO.KR

# 2009년 시각 디자인 산업기사 출제 문제

## - 여권 공모전 포스터 디자인 -

● 시험 시간 : 7시간[기본 디자인(수작업) 4시간, 컴퓨터 작업 3시간]

## 1. 시험 문제

**1** 요구 사항

주어진 이미지를 활용하여 여권 공모전 포스터를 디자인하시오.

① 주제

여권 공모전 포스터 디자인

② 디자인 조건 및 유의 사항

㉠ 내용 : 현대적이고, 미래 지향적인 느낌과 기존의 여권을 진보한 디자인을 탈피
하고, 새로운 여권을 제작하기 위한 공모전을 개최한다. 소구 대상은 20~40대
에 맞게 디자인하시오.

㉡ 그림 : 제공된 이미지를 한 장 이상은 꼭 사용한다.

㉢ 표현 기법 : 수험자 임의대로 여러 가지 재료를 통해 표현한다.(준비물에 제한 없음)

㉣ 규격

• 수작업 : 4절지(러프와 디자인 완성형 스케치를 비율에 맞게 그린다.)

• 컴퓨터 작업 : A4(297mm×210mm)

**2** 기본 디자인 작업(수작업, 70점)

4절 켄트지 한 장을 가로로 하여 좌측에 러프 스케치를 하고, 우측에는 디자인 완성형
을 배치한다.

① 러프 스케치

서로 다른 콘셉트로 3컷

② 디자인 완성형

러프 스케치에서 한 점을 선정하여 구체적으로 컬러감 있게 표현

**3** 컴퓨터 작업(30점)

디자인 완성형을 컴퓨터 작업으로 하고, 출력한 뒤 시험장에서 나눠주는 4절 켄트지에
마운팅한다.

① 작업 범위

디스켓 2HD 3.5(1.44MB)에 수록될 수 있도록 용량을 체크한다.

② 규격

A4(297mm×210mm) 이내외로 작업 범위를 정하고, 출력 시 80% 이상을 차지하도

록 배치한다.

③ 해상도 및 포맷 형식

제한 용량 범위 내에서 작업을 한다.

④ 색상(color mode)

CMYK mode에 맞춰서 한다.

⑤ 기타

㉠ 제공된 소프트웨어 및 내용은 모두 활용한다.

㉡ 요구 사항은 꼭 처리한다.

㉢ 최종 작업 소프트웨어는 임의대로 선택한다.

● 여권 공모전 포스터 이미지 ●

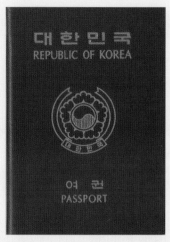

➔ 위의 이미지는 실제 시험에서 나온 이미지와 다소 차이가 날 수 있다.

## 2. 아이디어 디자인화 과정

**1 콘셉트**

여권의 새로운 디자인 공모 목적이 드러나도록 대한민국을 대표하는 여권를 태극 문양으로 해석하여 상징성이 두드러지도록 하였다.

**2 레이아웃**

대칭적이고, 수평적인 레이아웃을 통해 안정감 있는 배치를 우선으로 하였다.

**3 카 피**

대한민국을 대표하는 여권 디자인을 공모한다는 것을 보여주기 위해 "대한민국을 디자인하라."라는 카피를 내세운다.

**4 색 상**

대한민국 하면 떠오르는 이미지색 중 백의민족의 흰색(white)을 바탕으로 하며, 태극 문양의 색을 기존과 다른 vivid blue와 vivid green을 통해 배색하였다.

**5 로 고**

태극기의 이미지를 단순화하여 대한민국의 상징적인 특성을 표현하였다.

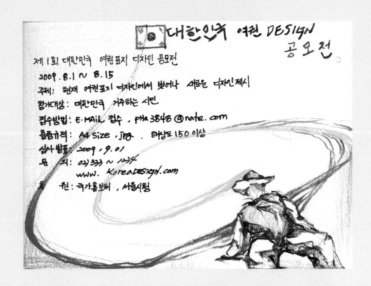

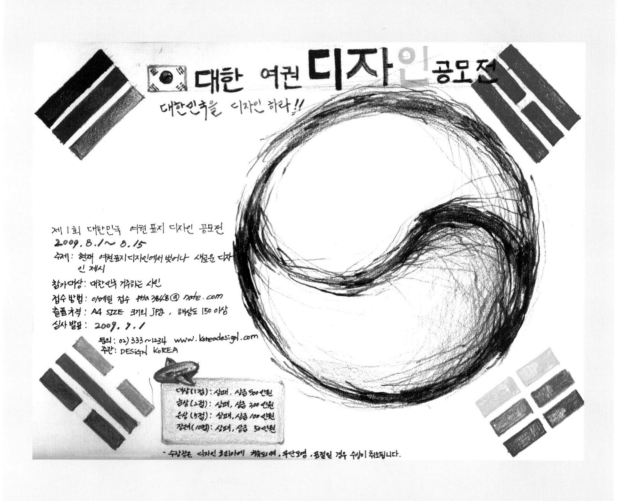

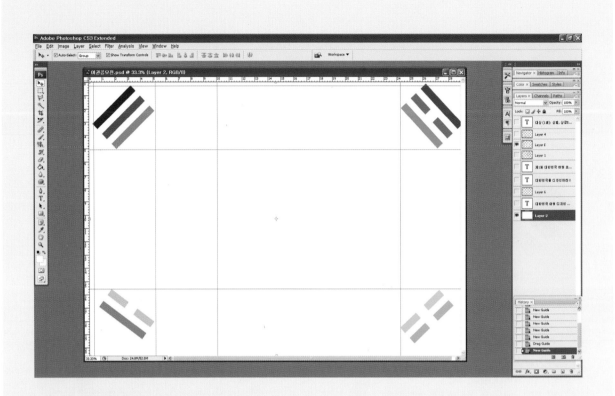

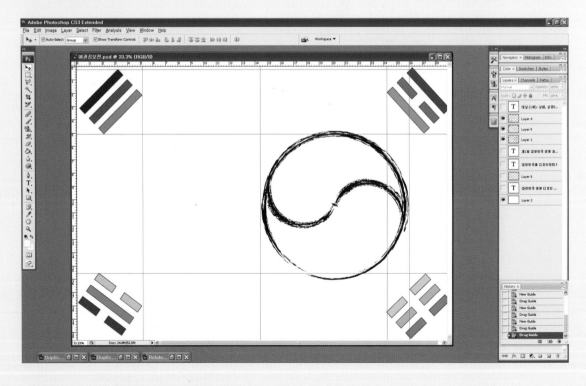

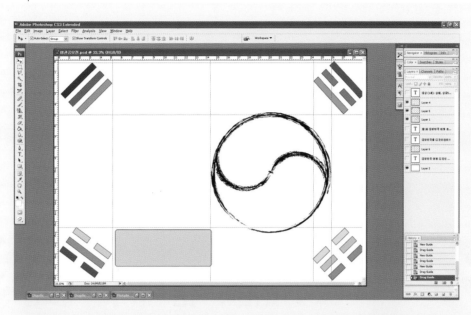

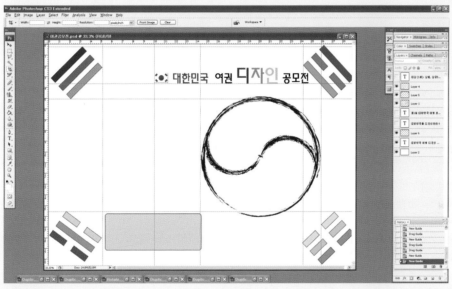

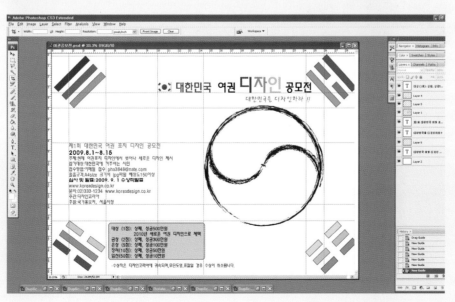

◉ 대한민국 여권 **디자인** 공모전

*대한민국을 디자인하라 !!*

제1회 대한민국 여권 표지 디자인 공모전
**2009.8.1~8.15**
주제:현재 여권표지 디자인에서 벗어나 새로운 디자인 제시
참가대상:대한민국에 거주하는 시민
접수방법:이메일 접수 pha3848@nate.com
출품규격:A4size 크기의 jpg파일 해상도150이상
**심사 및 발표:2009. 9. 1 수상작발표**
www.koreadesign.co.kr
문의:02)333-1234 www.koreadesign.co.kr
주관:디자인코리아
후원:국가홍보처, 서울시청

대상 (1점): 상패, 상금500만원
　　　　　　 2010년 새로운 여권 디자인으로 채택
금상 (2점): 상패, 상금300만원
은상 (5점): 상패, 상금100만원
장려(10점): 상패, 상금50만원
입선(50점): 상패, 상금10만원

-수상작은 디자인코리아에 귀속되며,무단도영,표절일 경우 수상이 취소됩니다.

# 시각 디자인 산업기사 출제 문제

## - R-16 코리아 스파클링 서울 홍보 엽서 -

● 시험 시간 : 7시간[기본 디자인(수작업) 4시간, 컴퓨터 작업 3시간]

## 1. 시험 문제

### 1 요구 사항

주어진 이미지를 활용하여 'R-16 코리아 스파클링 서울'이라는 비보이 마스터즈 대회의 홍보 엽서를 제작하시오.

① 주제

R-16 코리아 스파클링 서울 홍보 엽서

② 디자인 조건 및 유의 사항

㉠ 내용 : 세계적으로 우수한 비보이(B-BOY)를 가진 나라 중 한국이 최고 수준의 국가로 인정받고 있다. R-16이라는 비보이 대회에서 우리나라의 선전을 기대하며, 이 대회가 대중문화로서 자리 잡을 수 있는 행사가 될 수 있도록 홍보용 엽서를 디자인하고 대회의 마크와 로고를 제작하시오.

㉡ 그림 : 제공된 이미지를 한 장 이상은 꼭 사용한다.

㉢ 표현 기법 : 수험자 임의대로 여러 가지 재료를 통해 표현한다.(준비물에 제한 없음)

㉣ 규격

• 수작업 : 4절지(러프와 디자인 완성형 스케치를 비율에 맞게 그린다.)

• 컴퓨터 작업 : A4(210mm×297mm)

### 2 기본 디자인 작업(수작업, 70점)

4절 켄트지 한 장을 가로로 하여 좌측에 러프 스케치를 하고, 우측에는 디자인 완성형을 배치한다.

① 러프 스케치

서로 다른 콘셉트로 3컷

② 디자인 완성형

러프 스케치에서 한 점을 선정하여 구체적으로 컬러감 있게 표현

### 3 컴퓨터 작업(30점)

디자인 완성형을 컴퓨터 작업으로 하고, 출력한 뒤 시험장에서 나눠주는 4절 켄트지에 마운팅한다.

① 작업 범위

디스켓 2HD 3.5(1.44MB)에 수록될 수 있도록 용량을 체크한다.

② 규격

A4(210mm×297mm) 이내외로 작업 범위를 정하고, 출력 시 80% 이상을 차지하도록 배치한다.

③ 해상도 및 포맷 형식

제한 용량 범위 내에서 작업을 한다.

④ 색상(color mode)

CMYK mode에 맞춰서 한다.

⑤ 기타

  ㉠ 제공된 소프트웨어 및 내용은 모두 활용한다.

  ㉡ 요구 사항은 꼭 처리한다.

  ㉢ 최종 작업 소프트웨어는 임의대로 선택한다.

● 비보이 마스터즈 대회 이미지 ●

➲ 위의 이미지는 실제 시험에서 나온 이미지와 다소 차이가 날 수 있다.

## 2. 아이디어 디자인화 과정

**1 콘셉트**

비보이가 가지는 역동적이고 강렬한 측면을 부각시켜 비보이 행사를 나타낸다. 대중들에게 흥미를 끌 수 있는 홍보 엽서기 되도록 하며, 대중의 참여를 유도한다.

**2 레이아웃**

그리드를 무시한 자유롭고 강렬한 느낌으로 나타낸다.

**3 카 피**

비보이 마스터즈 대회가 가지는 차별성을 나타내며, 참여하는 비보이들의 열정을 나타낼 수 있도록 "특별한 3가지의 D. 댄스, 드림, 드라마"라는 카피로 나타낸다.

**4 색 상**

비보이의 댄스 동작이 돋보일 수 있도록 배경은 그레이로 나타내며, 강렬한 댄스의 이미지도 함께 표현할 수 있도록 비보이 이미지 컬러와 보색인 R계열을 통해 이미지를 보조해 준다.

**5 로 고**

비보이댄스의 동작을 역동성 있게 나타내며 개성을 부각시킨다. 그리고 단순화시켜 나타낸다.

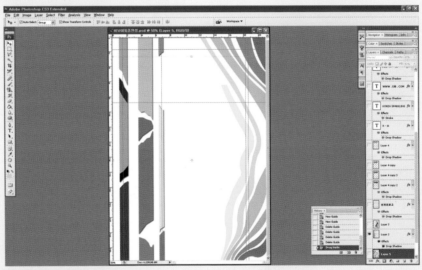

## 참 고 문 헌

시각커뮤니케이션디자인 – 미진사

시각디자인의 구성원리 – 태학사

충남대학교 패션인테리어학부 시각디자인 작품 제공

컴퓨터 그래픽스 디자인 실기 – 한국산업인력공단

편집디자인 창고 – 학예

시각디자인 산업기사 이론편 – 시대고시기획

color design book – 길벗

레이아웃의 모든 것 – 안그라픽스

시각디자인 제공 – 디자인 모인

시각디자인 산업기사 실기 – 한솔

일러스트레이터 CS3 기본 + 활용 실무테크닉 – 성안당

마담의크스의 fun한 프로포즈 "사랑해, 포토샵" – 북앤라이프

# 저자 소개

>> **박현아**
국민대 대학원 전시디자인 전공

- **수상 경력**
  롯데디지인 공모전 입상
  한국공간코디네이션 공모전 입상
- **전시 경력**
  틈 전시 단체전
  미술의 새물결 전시 단체전
  한국-뉴욕 공간이탈 초대전
- **경력**
  태건축건축사 사무소
  kpa건축사 사무소
  우석 디자인학원
  충남대학교 특강 강의

  현) 충남대학교 패션인테리어학부 강사
      (주)더조은 아트 컴퓨터학원 – 시각 디자인, 컬러리스트 강의
      디자인스튜디오 피웅
  저) 「시각 디자인 산업기사 실기」 – 성안당


>> **김채은**
홍익대 대학원 색채디자인 전공

- **수상 경력**
  대한민국 여성미술대전 입상
  정수미술대전 입상

- **전시 경력**
  동양화 단체전 6회

- **경력**
  주)다이브 엑스 리플릿, CD롬 제작
  안동대학교 강의

  현) (주)더조은 아트 컴퓨터학원 – 시각 디자인, 컬러리스트 강의
  저) 「시각 디자인 산업기사 실기」 – 성안당
      「컬러리스트 기사」
      「시각 디자인 산업기사」